全国医药中等职业教育药学类"十四五"规划教材（第三轮）

供医药卫生类专业使用

职业生涯规划与就业指导

主　编　刘巧元　贾效彬

副主编　易剑青　苗青甫

编　者　（以姓氏笔画为序）

王杏梅（湖南食品药品职业学院）

刘巧元（湖南食品药品职业学院）

刘炳杰（本溪市化学工业学校）

张亦曼（湖南食品药品职业学院）

苗青甫（河南医药健康技师学院）

易剑青（湖南湘绣城集团有限公司）

茹　杰（亳州中药科技学校）

贾效彬（亳州中药科技学校）

程　凯（湖南食品药品职业学院）

中国健康传媒集团

中国医药科技出版社

内容提要

本教材为"全国医药中等职业教育药学类'十四五'规划教材（第三轮）"之一。本教材专业针对性强，紧密结合新时代行业要求和社会用人需求，与职业技能鉴定相对接。内容主要包括生涯唤醒、自我探索、职业环境探索、职业生涯决策与规划、自我发展、求职准备、维护就业权益、职业适应与职业发展等。本教材为书网融合教材，即纸质教材有机融合电子教材、教学配套资源（PPT、微课、视频等）、题库系统、数字化教学服务（在线教学、在线作业、在线考试），使教学资源更加多样化、立体化。

本教材主要供全国医药中等职业院校医药卫生类专业师生教学使用，也可用于从事就业指导工作人员及其他择业人员培训和参考。

图书在版编目（CIP）数据

职业生涯规划与就业指导／刘巧元，贾效彬主编．—北京：中国医药科技出版社，2020.12

全国医药中等职业教育药学类"十四五"规划教材．第三轮

ISBN 978 - 7 - 5214 - 2159 - 0

Ⅰ．①职…　Ⅱ．①刘…　②贾…　Ⅲ．①职业选择 – 中等专业学校 – 教材　Ⅳ．①G717.38

中国版本图书馆 CIP 数据核字（2020）第 235942 号

美术编辑　陈君杞
版式设计　友全图文

出版　**中国健康传媒集团**｜中国医药科技出版社
地址　北京市海淀区文慧园北路甲 22 号
邮编　100082
电话　发行：010 – 62227427　邮购：010 – 62236938
网址　www.cmstp.com
规格　787mm × 1092mm $^1/_{16}$
印张　9
字数　201 千字
版次　2020 年 12 月第 1 版
印次　2020 年 12 月第 1 次印刷
印刷　三河市航远印刷有限公司
经销　全国各地新华书店
书号　ISBN 978 - 7 - 5214 - 2159 - 0
定价　**38.00 元**

获取新书信息、投稿、为图书纠错，请扫码联系我们。

出版说明

2011年，中国医药科技出版社根据教育部《中等职业教育改革创新行动计划（2010—2012年)》精神，组织编写出版了"全国医药中等职业教育药学类专业规划教材"；2016年，根据教育部2014年颁发的《中等职业学校专业教学标准（试行)》等文件精神，修订出版了第二轮规划教材"全国医药中等职业教育药学类'十三五'规划教材"，受到广大医药卫生类中等职业院校师生的欢迎。为了进一步提升教材质量，紧跟职教改革形势，根据教育部颁发的《国家职业教育改革实施方案》（国发〔2019〕4号)、《中等职业学校专业教学标准（试行)》（教职成厅函〔2014〕48号）精神，中国医药科技出版社有限公司经过广泛征求各有关院校及专家的意见，于2020年3月正式启动了第三轮教材的编写工作。在教育部、国家药品监督管理局的领导和指导下，在本套教材建设指导委员会专家的指导和顶层设计下，中国医药科技出版社有限公司组织全国60余所院校300余名教学经验丰富的专家、教师精心编撰了"全国医药中等职业教育药学类'十四五'规划教材（第三轮)"，该套教材付梓出版。

本套教材共计42种，全部配套"医药大学堂"在线学习平台。主要供全国医药卫生中等职业院校药学类专业教学使用，也可供医药卫生行业从业人员继续教育和培训使用。

本套教材定位清晰，特点鲜明，主要体现如下几个方面。

1. 立足教改，适应发展

为了适应职业教育教学改革需要，教材注重以真实生产项目、典型工作任务为载体组织教学单元。遵循职业教育规律和技术技能型人才成长规律，体现中职药学人才培养的特点，着力提高药学类专业学生的实践操作能力。以学生的全面素质培养和产业对人才的要求为教学目标，按职业教育"需求驱动"型课程建构的过程，进行任务分析。坚持理论知识"必需、够用"为度。强调教材的针对性、实用性、条理性和先进性，既注重对学生基本技能的培养，又适当拓展知识面，实现职业教育与终身学习的对接，为学生后续发展奠定必要的基础。

2. 强化技能，对接岗位

教材要体现中等职业教育的属性，使学生掌握一定的技能以适应岗位的需要，具有一定的理论知识基础和可持续发展的能力。理论知识把握有度，既要给学生学习和掌握技能奠定必要的、足够的理论基础，也不要过分强调理论知识的系统性和完整性；

注重技能结合理论知识，建设理论－实践一体化教材。

3. 优化模块，易教易学

设计生动、活泼的教学模块，在保持教材主体框架的基础上，通过模块设计增加教材的信息量和可读性、趣味性。例如通过引入实际案例以及岗位情景模拟，使教材内容更贴近岗位，让学生了解实际岗位的知识与技能要求，做到学以致用；"请你想一想"模块，便于师生教学的互动；"你知道吗"模块适当介绍新技术、新设备以及科技发展新趋势、行业职业资格考试与现代职业发展相关知识，为学生后续发展奠定必要的基础。

4. 产教融合，优化团队

现代职业教育倡导职业性、实践性和开放性，职业教育必须校企合作、工学结合、学作融合。专业技能课教材，鼓励吸纳 1~2 位具有丰富实践经验的企业人员参与编写，确保工作岗位上的先进技术和实际应用融入教材内容，更加体现职业教育的职业性、实践性和开放性。

5. 多媒融合，数字增值

为适应现代化教学模式需要，本套教材搭载"医药大学堂"在线学习平台，配套以纸质教材为基础的多样化数字教学资源（如课程 PPT、习题库、微课等），使教材内容更加生动化、形象化、立体化。此外，平台尚有数据分析、教学诊断等功能，可为教学研究与管理提供技术和数据支撑。

编写出版本套高质量教材，得到了全国各相关院校领导与编者的大力支持，在此一并表示衷心感谢。出版发行本套教材，希望得到广大师生的欢迎，并在教学中积极使用和提出宝贵意见，以便修订完善，共同打造精品教材，为促进我国中等职业教育医药类专业教学改革和人才培养作出积极贡献。

全国医药中等职业教育药学类"十四五"规划教材（第三轮）

————○ 建设指导委员会名单 ○————

苏兰宜	江西省医药学校	杨永庆	天水市卫生学校
李　芳	珠海市卫生学校	李应军	四川省食品药品学校
李桂兰	江西省医药学校	李桂荣	山东药品食品职业学院
李承革	四川省食品药品学校	何　红	江西省医药学校
张　玲	山东药品食品职业学院	张一帆	山东药品食品职业学院
张小明	四川省食品药品学校	陈　静	江西省医药学校
林　勇	江西省医药学校	林　楠	上海市医药学校
欧阳小青	广东省食品药品职业技术学校	欧绍淑	广东省湛江卫生学校
尚金燕	山东药品食品职业学院	罗　翀	湖南食品药品职业学院
罗玲英	江西省医药学校	周　容	四川省食品药品学校
郑小吉	广东省江门中医药学校	柯宇新	广东省食品药品职业技术学校
赵　磊	四川省食品药品学校	赵珍东	广东省食品药品职业技术学校
秦胜红	四川省食品药品学校	贾效彬	亳州中药科技学校
夏玉玲	四川省食品药品学校	高　娟	山东药品食品职业学院
高丽丽	江西省医药学校	郭常文	四川省食品药品学校
黄　瀚	湖南食品药品职业学院	常光萍	上海市医药学校
崔　艳	上海市医药学校	董树裔	上海市医药学校
鲍　娜	湖南食品药品职业学院		

全国医药中等职业教育药学类"十四五"规划教材（第三轮）

评审委员会名单

数字化教材编委会

主　编　刘巧元　茹　杰

副主编　张亦曼　易剑青

编　者　（以姓氏笔画为序）

　　　　王杏梅（湖南食品药品职业学院）

　　　　刘巧元（湖南食品药品职业学院）

　　　　刘炳杰（本溪市化学工业学校）

　　　　张亦曼（湖南食品药品职业学院）

　　　　苗青甫（河南医药健康技师学院）

　　　　易剑青（湖南湘绣城集团有限公司）

　　　　茹　杰（亳州中药科技学校）

　　　　贾效彬（亳州中药科技学校）

　　　　程　凯（湖南食品药品职业学院）

　　随着人工智能化时代的到来及全球化经济环境的形成，就业竞争越来越激烈，就业矛盾将长期存在。面对激烈的社会竞争和多样化人才的社会需求，需要引导学生做好前瞻性的职业规划，也要给予他们系统性的就业指导。本教材主要根据中等职业教育医药卫生类专业培养目标和主要就业方向及职业能力要求，适应我国建设新型社会对专业技能人才的需求，将行业标准与培养目标相结合，按照教材编写指导思想和原则要求，结合本课程教学标准，由全国四所从事教学和生产一线的院校教师及企业专门从事人力资源管理的人员共同编写而成。

　　本教材顺应时代发展，立足教改，对接岗位、学教及社会需要，强化校企合作意识，收集大量实用、有趣的信息，唤醒学生职业生涯规划的意识，加强学生职业素质以及职业能力的培养，并给予学生就业方面的指导。教材主要体现如下特色：一是通过对在校学生的职业生涯规划指导，强化学生职业理想教育，使之形成正确的学习观，进而自动、自发、自觉地学习；二是将理论知识、案例分析、实践活动等紧密结合，体现"知行合一"的特点，让学生感觉既生动、有趣又实用；三是针对职业院校学生毕业后的实际情况，通过职业生涯规划，指导学生设计自己的职业目标和职业成长路线，进行职业决策能力、团队合作能力、时间管理能力、创业能力等核心素质与能力的指导和培养；四是特别邀请了从事人力资源管理工作的企业人员共同编写教材，真正体现教材"必需、够用、实用"的特点。

　　本教材由刘巧元、贾效彬担任主编，具体编写分工如下：第一章由刘炳杰编写；第二章由茹杰编写；第三章由张亦曼编写；第四章由程凯编写；第五章由苗青甫编写；第六章由刘巧元编写；第七章由王杏梅编写；第八章由易剑青编写。

　　本教材在编写过程中，得到了各参编学校及企业的大力支持，在此一并表示感谢！限于编者经验和水平，书中难免存在疏漏与不足之处，恳请专家及读者批评指正，以便进一步完善。

编　者

2020 年 10 月

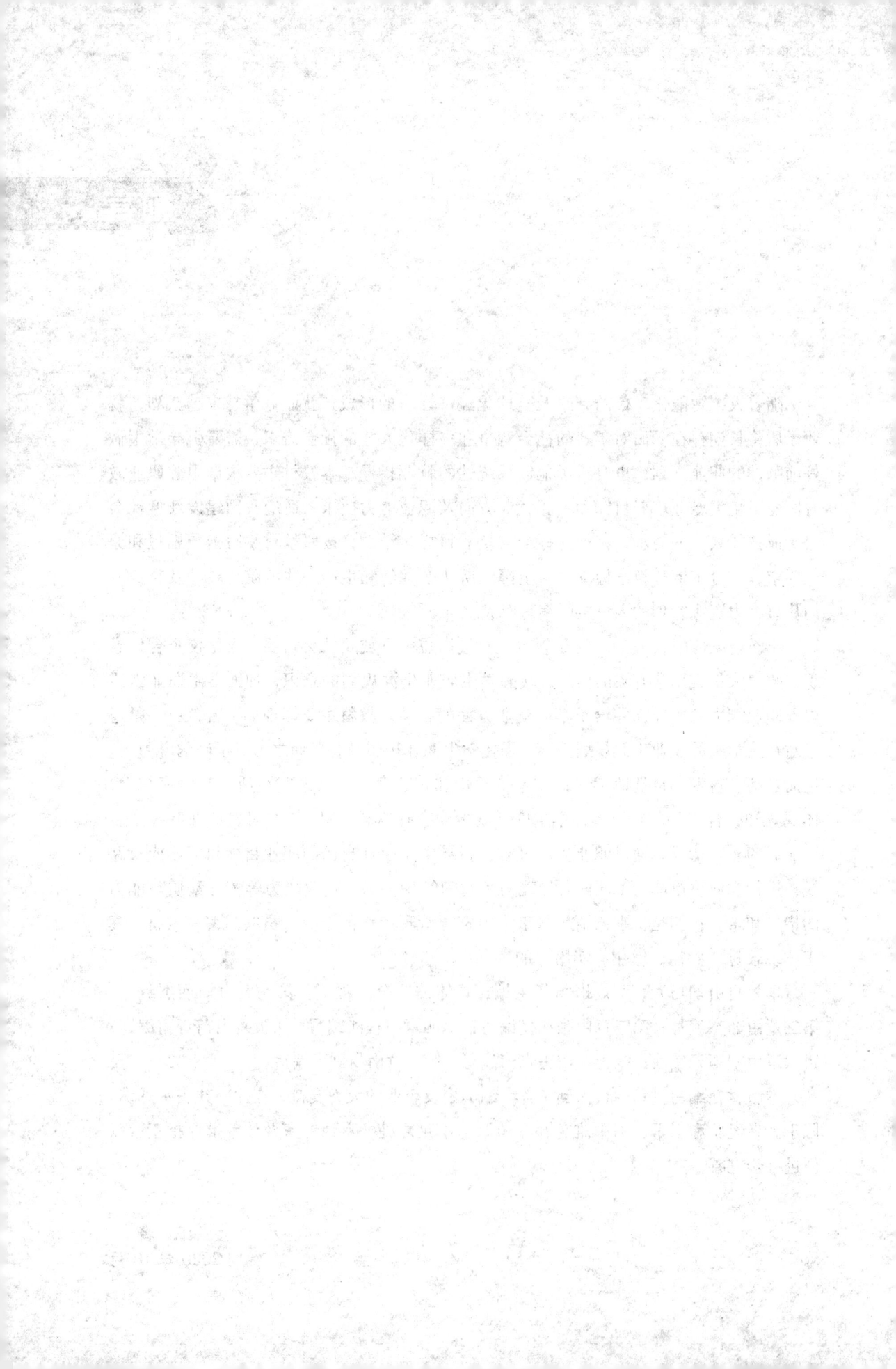

目录

1. 掌握职业生涯规划的基本方法与步骤。
2. 熟悉职业生涯规划的内涵、意义及原则。

1. 掌握自我认知的重要性与意义。
2. 熟悉自我认知的方法。

1. 掌握职业环境的基本概念。

2. 了解职业的分类。

1. 掌握职业生涯决策的方法与步骤。

2. 熟悉职业生涯决策相关知识及职业生涯目标设定的原则。

1. 掌握专业知识的学习方法，专业技能的提升方法。
2. 熟悉常见的通用技能及培养方法。

1. 掌握就业信息搜集的方法及个人简历的制作原则。
2. 熟悉就业信息搜集的原则和渠道。

1. 掌握毕业生就业权益的具体表现。
2. 熟悉常见的就业陷阱及防范方法。

1. 掌握职业适应的方法。
2. 熟悉职业发展自我管理的内容。

第一章 生涯唤醒

学习目标

知识目标

1. **掌握** 职业生涯规划的基本方法与步骤。
2. **熟悉** 职业生涯规划的内涵、意义及原则。
3. **了解** 学校生活对学生职业发展的影响。

能力目标

1. 学会科学合理地规划学校生活。
2. 激发生涯规划意识，设计符合自身发展的职业生涯规划方案。

第一节 学校生活与职业生涯规划

实例分析

实例 护士岗位招聘启事的专业知识和技能要求

1. 岗位职责

（1）认真执行各项护理制度和技术操作规程，正确执行医嘱、准确及时地完成各项护理工作，做好查对及交接班工作，防止差错事故的发生。

（2）做好基础护理和心理护理工作。经常巡视病房，密切观察与记录危重患者的病情变化，如发现异常情况须及时报告。

（3）认真做好危重患者的基础护理及各种抢救物品、药品的准备和保管工作。

（4）协助医师进行各种诊疗工作，负责采集各种检验标本。

2. 任职资格

（1）全日制护理学专业毕业生，有护士执业资格证。

（2）有不少于8个月的实习经历，实习成绩合格。

（3）热爱护理工作，做事严谨认真、勤奋进取。

（4）有较强的口头表达能力，善于沟通。

（5）具有强烈的责任心、进取心和良好的团队精神。

问题 1. 此职位对毕业生专业知识和技能有哪些要求？

2. 你认为中职学生在学校生活中该如何做好职业生涯规划？

选择中职学校是走向职业生涯需做出的第一项重要决策。选择中职学校，就是在为今后的人生规划做准备。它架设了教育与劳动的桥梁，为无数青年开启了另一条成长成才之路。

一、认识中等职业教育

中等职业教育是面向初高中毕业生开展的基础性知识、技术和技能教育。《中华人民共和国职业教育法》规定："国家根据不同地区的经济发展水平和教育普及程度，实施以初中后为重点的不同阶段的教育分流，建立、健全职业学校教育与职业培训并举，并与其他教育相互沟通，协调发展的职业教育体系。"目前，我国初步形成了中等和高等职业教育协调发展，学校教育与职业培训并重并举，政府办学与社会力量办学共同发展的基本格局。在这一格局中，中等职业教育具有重要的基础性地位，是现代国民教育体系中的重要组成部分，在实施科教兴国战略和人才强国战略中具有特殊重要地位。

（一）中等职业教育在我国教育体系中的重要作用

1. 国家经济发展的助推器 国家发展改革委员会等十七部门在 2018 年 7 月发布的《关于大力发展实体经济积极稳定和促进就业的指导意见》中强调"要加快建设实体经济与人力资源协同发展的产业体系"，应该健全作为人力资源供给侧的职业教育和职业培训与实体经济发展的联动机制，以培养更多符合产业发展需求的实用人才。世界工业强国和国际上大多数实体经济强国的现状表明，其高中阶段教育的职普比超过 50%，中等职业教育在各国教育体系中占据重要地位。中等职业教育是加快普及高中阶段教育，提高全民族文化知识、实践技能和创新能力等综合素养，输送国家产业建设大军新生力量的基础工程。

2. 促进就业、改善民生问题的重要途径 就业是社会稳定的前提。十九大报告提出"两个优先"，即"教育优先"和"就业优先"。在坚持就业优先战略，实现更高质量和更充分就业中，中等职业教育是重要途径，承担重要职能。尤其是在新型职业农民培养以及退伍军人和残疾人的职业教育中，其作用更为显著。目前我国中小企业中骨干支撑力量是中职毕业生，中职学生是区域经济发展、区域产业迈向中高端不可替代的生力军。近年来，中等职业教育毕业生就业率连续 10 年保持在 95% 以上，成为就业率最高的教育类型，为社会稳定做出了不可磨灭的贡献。

3. 缓解劳动力结构矛盾的关键环节 我国已成为世界第二大经济体，正处在经济大国向经济强国迈进、"中国制造"转向"高端制造"的新阶段，不仅需要创新人才，更需要生产服务一线技术技能人才。我国当前存在技术技能人才紧缺和高校毕业生就业难的突出结构性矛盾。一方面是高校毕业生人数不断增长，就业压力大；另一方面，许多企业又难以在劳动力市场上找到生产服务一线的技术技能人才。发展中等职业教育是解决就业结构性矛盾的关键环节和重要途径，为生产服务一线输送生力军，提升人力基本素质。

4. 搭建了人人皆可成才、人人尽展其才的发展平台 2019 年，国务院印发《国家职业教育改革实施方案》，将职业教育定位于与普通教育同等重要的教育类型，并且明确"打通职业教育人才培养通道"。国家及各地方政府相继出台了大力发展职业教育的政策，建立了以免学费、国家助学金为主，学校和社会资助及顶岗实习等为补充的学生资助制度。除就业外，学生可以选择参加普通高考、成人高考、职业院校对口升学等途径，进入高等学府学习。例如，国家科技进步奖获得者、数控加工技术能手李斌，就是一位中职毕业生，通过实践－学习（专科）－再实践－再学习（大学学士），终斩获高端液压泵关键技术，实现了从操作型工人到专家型工人的转变。

（二）我国中等职业教育的特点

1. 广泛性　中等职业教育的教育对象覆盖面非常广泛，它可以是学历性教育，可以是在职人员的继续教育，可以是下岗人员的再就业教育，还可以是行业系统的技能培训等。从受教育过程来说，在职业生涯中参加中等职业教育可以是一次，也可以是多次。

2. 针对性　中等职业教育培养目标具有非常明确的针对性，就是培养生产、建设、管理、服务一线的应用型技术技能人才。中等职业教育是围绕特定的教育目标，制定专门的教学计划，围绕典型岗位工作任务有针对性实施教学计划中的每一个环节。目前，为落实《国家职业教育改革实施方案》要求，中等职业教育正大力推行"双证书"制度，进一步提升人才培养的针对性。

3. 技术性　职业教育的教育内容突出地体现为专业的技术性。中等职业教育改革要求专业课程内容与职业标准对接，将职业标准融入课程标准、课程内容的设计和实施中。进一步强化工学结合，加强实习实训环节，培养符合产业标准的人才。

4. 教学方法多样　职业教育的教学方法是灵活的、多种多样的。职业教育大力普及推广项目教学、案例教学、情景教学、工作过程导向教学，广泛运用启发式、探究式、讨论式、参与式教学，充分激发学生的学习兴趣和积极性。

（三）我国中等职业教育现状

教育部职业技术教育中心研究所发布的《中国中等职业教育质量年度报告（2018）》显示，2017 年，全国共有中等职业院校 1.07 万所，招生 582.43 万人，在校生 1592.5 万人，中等职业教育在校生总体规模较为稳定。从结构情况看，2017 年，全国高中阶段教育招生职普比为 42.1∶57.9，在校生职普比为 40.1∶59.9，超过四成的高中阶段学生在中职学校学习。全国已建成 1000 所国家级中等职业教育改革发展示范校，以及一批省级中等职业教育优质特色学校，为全国 2/3 的中职学生提供优质教育。根据《中国中等职业教育质量年度报告（2018）》，2017 年，全国中等职业学校向社会输送毕业生 406.4 万人（不含技工学校），近八成毕业生获得了职业资格证书，有效保障了新生劳动力供给；面向社会开展职业资格证书培训 173.07 万人、岗位证书培训 154.76 万人；全年承担各类社会培训特别是企业员工培训 463.99 万人，中等职业教育为现代农业产业培养毕业生 17 万人，为中国制造打造新生代工匠 51 万人，为现代服务业培养急需人才 246 万人。说明中等职业教育在改善劳动力素质结构，提升劳动力人口学历层次、提高国民整体素质、增强国家综合竞争力等方面发挥了重要作用。

二、学校生活与个人职业生涯发展

学校生活是个人职业生涯发展的第一步。中职生综合素质的高低，将决定其求职择业的层次及职业目标能否实现。而综合素质的培养，不能一蹴而就，这是个循序渐进的过程。中职生只有做好个人学业规划，才能更好地学习并面对学校和未来的生活。

（一）学业规划在职业生涯发展中的作用

1. 指导学习 迈入新校园，步入了人生的另一个重要阶段。学习方式、生活方式以及周围环境的变化，需要重新调整和规划。学业规划能够通过分析个人的兴趣特长、综合能力和人生目标，帮助中职生明确职业目标，科学合理地安排学校的学习和生活，指导中职生顺利地完成学业。

2. 培养社会责任感 当代中职生肩负了习近平新时代中国特色社会主义建设和中华民族伟大复兴的重任。社会责任感对于当代中职生来说显得尤为重要。学业规划使中职生能树立正确的价值导向，践行社会主义核心价值观，不断增强民族自尊心、自信心和自豪感，使个人的发展与民族的振兴紧密联系在一起。同时通过中职德育课和其他类课程学习，培养中职生社会公德意识，明确公民的权利和义务，养成自觉行使公民权利和履行义务的意识。

3. 提升综合素质 首先，通过科学的学业规划可以使中职生构建合理的知识结构，不断地丰富专业知识，为今后的就业打下坚实的基础。其次，学业规划能让中职生不断地认识自己，明确自己的学习目标，发现自己在学习目标与自身素质之间存在的差距，从而努力地改变自己、完善自己。再次，学业规划可以锻炼中职生的综合实践能力，包括表达能力、动手能力、适应能力、交际能力、管理能力、创造能力、决策能力等。

（二）中职生学业规划步骤

学业是学生立身之本，具备好的学业规划是拥有好的就业、好的职业的保障。中职生做好学业规划要遵循以下 5 个步骤（图 1 - 1）。

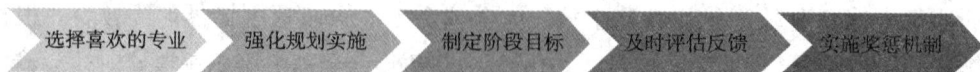

选择喜欢的专业　强化规划实施　制定阶段目标　及时评估反馈　实施奖惩机制

图 1 - 1　职业生涯规划的步骤

1. 选择喜欢的专业 专业是指根据学科分类和社会职业分工的需要，分门别类地进行专门知识教学活动的基本单位。按照专业设置组织教学，进行专业训练，培养专门人才，是现代职业教育的重要特征之一，选择专业对人的一生具有重要影响。中职生在选择专业时要做到以下三点：一是了解自己，包括自身性格、兴趣和特长等，选择自己喜欢的专业，会使自己奋斗的动力更大、信心更强，并能持之以恒；二是认识职业、认识社会，了解所学专业对应的职业类别以及相关职业和行业的就业形势；三是辩证地看待热门专业与冷门专业，切忌随波逐流和追赶热门，要将自己的兴趣爱好、奋斗目标同社会的需求密切结合起来，才能大有作为。

2. 强化规划实施　选定专业后，很多学生没有规划，结果导致专业学习不能实施或实施后不能持久，最终无法实现自己的目标。或者许多中职生虽确定了学业规划，但常出现"不实施、不坚持或中途放弃"的现象，最终无法完成学业规划。出现此类现象主要是由于中职生缺乏不断强化规划的过程造成的。强化学业规划能促使自己增强自我管理能力，能使自己不断地思考学业规划的重要性，产生进一步落实学业规划的紧迫感，从而培养出积极的心态，增强内在动力，以保证学业规划顺利完成。

3. 制定阶段目标　学业总目标制定出来以后，需要对总目标进行分解，制定详细的学习计划，才能保证学习顺利进行。以 3 年制中职为例，按时段分，可分解为 3 年、1 年、1 学期、1 月和 1 周的学习目标。如按阶段分，可分为学习阶段、实习阶段、毕业设计阶段，每个阶段又可能有分时段的学习目标。时段性、阶段性目标能让学习目标更明确，思路更清晰，学业规划就能一步一步得到具体落实。

4. 及时评估反馈　在学业规划实施中，及时对环境、条件、规划执行情况做出阶段性的评价和评估。针对实际执行中存在的许多不确定因素，学业规划的设计需进行一定的调整。为此，对评价和评估出来的结果进行反馈，能及时发现学业规划中存在的问题，迅速调整或变更规划。同时，通过每年、每期、每月定期检查评估与反馈，详细地分析具体的原因，找出改进的方法和有效的措施。

5. 实施奖惩机制　奖优罚劣是一种有效的管理制度和措施。有效激励能更大程度激发人的潜能和积极性，为了工作和更高的目标而不断奋斗，因圆满地完成工作任务将受到奖励，能让人全身心地投入到学习中。惩罚在一定程度上可预防惰性的产生，完不成工作任务将按制度接受惩罚。

（三）学校生活规划内容

在学校通过培养兴趣爱好、学会为人处世、参与社会实践等事项的合理安排，有助于学生全面认识自己，明确自身发展的方向与目标，增强社会适应性，早日在社会竞争中脱颖而出。中职生应该从以下 5 个方面做好学校生活规划。

1. 培养良好的个人品德和修养　中职生是具有职业理想、职业道德、职业追求的高素质技术技能人才。中职生不仅要掌握科学技术、文化知识、专业技能，还要加强思想道德修养，坚持正确的政治方向，树立正确的人生观、世界观和价值观，要不断增强社会责任感，关心国家的命运，关心社会的发展，并把它与自身发展紧密地联系在一起，成为一种坚定的信念和高尚的情感；要树立正确的信誉观念、效益观念、竞争观念、创新观念、时间观念等，塑造当代学生的新形象，努力使自己成为有理想、有道德、有文化、有纪律的一代青年人。

2. 培养科学与人文素养　在科学技术突飞猛进的今天，用人单位在考核、选择毕业生时，比以前更加重视学生的科学文化知识水平。所以，中职生要想在激烈的人才竞争中获胜，必须注重自己知识水平的提高，要通过科学的学业规划构建合理的知识结构，不断地丰富专业知识，不断优化知识系统结构，特别要补好"走进社会所必需的知识"的短板；要认识和培养自己的特长及兴趣，通过参加第二课堂和校园文化活动，如文化艺术节、读书报告会、演讲、辩论赛、摄影、艺术展览等扩大视野、增长知识。

3. 培养人际沟通能力　中职生要想在未来的工作中表现出色，拥有较强的竞争实力，就必须培养良好的人际沟通能力，以平等、真诚、尊重的心态来锻炼和提升自己，通过和老师、同学及社会上其他人交流来提高自身的人际交往能力，从而提升自身综合素质，适应未来社会发展的需要。

4. 培养良好的心理素质　中职学生在学校生活学习的时期，是个体脱离家庭逐步走向社会的过渡时期，是其身心发育的关键年龄阶段。要增强心理健康意识，强化自我心理调节，必要时可主动寻求心理援助。在思考任何一件事情的时候，都不要戴着"有色眼镜"，要客观地认识周围的事物；要树立时间管理意识，列出时间清单，设定优先顺序，有条不紊、应对自如地处理学习生活的各项事务；要通过各种途径和机会来锤炼自己，主动适应变化的世界，保持积极向上、乐观进取的心态，热爱生活，享受生活。

5. 培养社会实践能力　知识不等于能力，知识是能力的一个重要基础。中职生不仅要树立正确的价值观、掌握牢固的理论知识、具备娴熟的专业技能，同时还要拥有较强的社会实践能力，才能在择业、就业、创业中一帆风顺，适应社会的发展。中职生要积极参加社会调查、生产实习、公益劳动、社区服务等活动；要了解社会、了解职业，有意识地认识自己在职业活动中存在的问题和差距；要采取有效措施，在职业活动中提高自己的社会适应能力。社会实践和职业活动是提高职业生涯设计能力的源泉和动力。

你知道吗

中职生的就业与升学

就业是指通过 3 年或 2 年中职专业的学习后，走向社会开始自己的社会创造劳动。根据自己已有的专业基础与技能，尽早走向社会，到社会实践中去磨砺、去学习，从而更快地提升自己的能力。升学就是指 3 年中职专业学习后，通过高考或单招进入高一级学校进行学习深造，成绩好的通过对口招生可升至本科；成绩一般的可通过单招升至大专，大专学校又可按比例专升本。2019 年高职院校扩招 100 万学生，2020 年连续两年扩招 200 万人，为广大中职学生提供了难得深造的机会。

第二节 中职学生的职业生涯规划

实例分析

实例 小蕊就读某中职学校的护理专业，入校第一天，她就立志成为南丁格尔式的白衣天使。护理专业课程的复杂性、综合性、广泛性带给小蕊很大的压力，但她一直以严谨的态度和积极的热情投身于学习中。为了能更好地适应未来的工作，她每天都要强化自己的英语口语和普通话，并顺利通过普通话水平测试。她还积极参加社团活动和社会实践活动，有意锻炼自己沟通能力和综合素质。临床实习是职校生顺利走上护理岗位最为关键的环节，小蕊在各科室实习时，严格遵守科室制度，按时参加护理查房，熟悉病人病情，能正确回答带教老师提问，规范熟练进行各项基础护理操作及专科护理操作，正确执行医嘱，及时完成交接班记录，得到了科室带教老师的一致好评。

时光飞速，一转眼小蕊就要毕业了，她已经从一名懵懂的学生，成为一名优秀的白衣护士，为将来的职业生涯做好准备。

问题 1. 小蕊的职业理想是什么？

2. 为实现职业理想，小蕊在校时做了哪些准备？

一、职业生涯的特点 微课

职业生涯是一个发展的概念，是一个动态的发展过程，是一个人在其一生中与工作相关的一系列活动、行为、态度、价值观、愿望等的有机整体。它不仅包括一个人的过去、现在和未来中可以实际观察或预见到的、连续从事的职业发展过程，还包括个人对职业生涯发展的见解和期望。它是个体职业发展的整体"路线图"。职业生涯有以下4个特征。

1. 个体的行为经历 职业生涯不是群体或者组织的行为经历，是个人在过去、现在和未来的职业发展过程，人们可以凭借自己的喜好来选择自己想要从事的职业。

2. 个体的社会工作过程 生涯是指从事某种活动或职业的生活，职业生涯是以满足个体的生存和发展的需要为主要目的，所以职业生涯是一种不断获得个人收入的社会工作过程。

3. 时间概念 职业生涯目标是人生追求的重要目标，职业生涯贯穿人生发展的各个阶段，并且每个人对于职业生涯的实际划分，各有不同。

4. 动态概念 职业生涯是人生中的重要历程，是追求自我实现的重要人生阶段。它不是固定发生在人生的某一段，而是如影随形，发生在人生的每一个时刻。

二、职业生涯规划的特点

职业生涯规划主要是指根据个人的兴趣、性格特点、内在潜能来确立个人的职业发展目标，并根据自身情况对未来职业生涯上的短期目标、中期目标和长期目标进行设定，根据设定的这些目标来规划不同阶段下需要完成自我提升的通道。简而言之就是自身通过对未来职业生涯的发展确定不同的阶段目标，并通过不同的自我提升方式，以达到目标的一个规划过程。

中职学生职业生涯规划是在中职阶段通过对自身优劣势和外部机会、威胁的分析了解，为自己确立职业方向和目标，制定发展计划，为实现职业生涯目标而确定的实践和行动方案。良好的职业生涯规划应具备以下特征。

1. 可行性　职业生涯规划必须有事实依据，依据个人及其所处环境的客观实际来制订，才能成为可实现和落实的计划方案。中职生进行职业生涯规划时，要考虑所学的专业或今后从事的职业需要的知识和能力。如果凭空幻想，所学非所用或者不具备理想职业所要求的能力，此职业生涯规划就不可行。

2. 适时性　职业生涯规划是对未来的职业生涯目标和未来职业行动的预测。因此，各项活动的实施及完成时间，都应该有时间和顺序上的安排，以便作为检查行动的依据。

3. 灵活性　规划未来的职业生涯目标与行动，涉及很多不确定的因素，因此规划应有弹性。随着外界环境和自身条件的变化，个人应及时调整自己的职业生涯规划方案，以增加其适应性。

4. 持续性　职业生涯目标是人生追求的重要目标，职业生涯规划应贯穿人生发展的各个阶段。人只有通过不断地调整和持续地安排职业活动，才能最终实现职业生涯目标。

5. 稳定性　渐变式成长与常变式成长最大的区别在于：渐变式成长追求稳定的成长，讲求目标的稳定性与社会环境支持的相对稳定性。常变式成长则因选择的时间发生，而使成长总有几近归零的感觉而不能完整实现。过多、过大的外界干扰，又常常会影响人们在成长中的选择，从而使多数人执行的是常变式成长，走了许多弯路。因此，设计的职业生涯，应是渐变的，并保持其相对稳定性。

6. 重要性　从个人角度，职业生涯规划可以帮助个体树立明确的目标与规划，开发自己的潜能，实现职业目标；从企业的角度，可以最大限度地发挥企业员工的才华与潜能，处理好员工职业生涯规划与企业发展的关系，使员工个人目标与企业整体目标统一，有利于企业的长远发展。

三、职业生涯规划的意义

职业生涯规划将直接影响人一生的职业发展，不管所处的是职业生涯的哪个阶段，职业生涯规划都具有重要意义。

1. 有利于明确发展目标　一份行之有效的职业生涯规划将会引导中职生正确地认识自身的个性特质、现有与潜在的资源优势，帮助中职生重新对自己的价值进行定位并使其持续增值；引导中职生对自己的综合优势与劣势进行对比分析，评估个人目标与现实之间的差距，树立明确的职业发展目标与职业理想。事实证明，不少人由于对自己的职业生涯毫无计划，目标不明，从而造成事业失败，并不是他们没有足够的知识和才能，而主要原因在于他们没有设计适合自己成长与发展的职业生涯规划。

2. 有利于明确就业方向　行之有效的职业生涯规划可以搜索或发现新的或有潜力的职业机会，是前瞻与实际相结合的职业定位。在激烈的职业竞争中，只有那些喜欢某些职业同时又具有较明显的竞争优势的人，才能在喜欢、擅长、有优势的职业中取得成功，并得到快乐和满足。这是职业生涯规划的最基本原则——人职匹配原则。

3. 有利于增强就业竞争力　中职生的职业规划就是确定职业发展的大方向。作为一个处在职业生涯准备阶段的人，根据目标进行相关知识的学习、能力的训练、水平的提高是非常重要的。从人力资源的角度出发，企业用人单位非常看重员工的职业生涯规划是否与公司的发展一致。目标明确、规划透明的求职者其求职意向是经过深思熟虑的，自然深受用人单位的欢迎。

4. 有利于缩短就业时间　万事开头难，作为职业生涯规划的第一步，职业方向定位具有其无法忽视的重要意义，因为它是人们在今后的职业道路上前进的基本保证。从长远的职业发展与职业安全的角度来看，事先花些时间与精力找到真正适合自己的职业方向，避免"入错行"的风险，是绝对值得的。如果将中职学生从求职开始到找到满意的工作为止的这一段时间定义为就业时间的话，职业生涯规划显然能大大缩短这一时间。

5. 有利于引导个人发挥潜能　职业生涯规划能使中职学生集中精力，学会如何运用正确的方法采取可行的步骤与措施，全神贯注于自己有优势并且会有高回报的方面，这样有助于发挥尽可能大的潜力，最终实现目标。

6. 有利于鞭策工作　凡事"预则立，不预则废"，很多时候职业生涯受挫就是由于职业规划没有做好。职业生涯规划有助于抓住重点，按照轻重缓急安排日常工作，抓住工作的重点，增加成功的可能性。

7. 有利于评估目前工作成绩　职业生涯规划的一个重要功能是提供了自我评估的重要手段，中职生可以根据规划的进展情况评价目前取得的成绩。

四、职业生涯规划的原则

学生阶段制订职业生涯规划，其目的是为进入工作阶段做好各种准备。职业生涯规划具有很强的导向性，它要求定位准确，路线选择正确且措施得当、方案科学。为了达到这个目标，在制订职业生涯规划时，应该遵循以下原则。

1. 明确可行原则　目标的设定应合理可行，应有明确的职业目标。为实现目标而制定的措施要清晰、明确，实现目标的步骤应直截了当、可行性强，才便于采取措施，分步实施。

2. 相关一致原则　目标或措施应符合个人职业发展或职业发展需求，目标契合自己的性格、兴趣和特长，能对自己产生内在激励作用。主目标与分目标一致，目标与措施一致，个人目标与企业发展目标一致。

3. 全程动态原则　制定规划时必须考虑职业生涯发展的整个历程，作全程的考虑。要将长期目标、中期目标、短期目标相结合，才能使各阶段目标前后衔接，实现一个接一个目标的转换。

4. 时限性原则　目标的实现和措施的实施应有清晰的时限，即严格的时间管理。这样才能确保在某段时间里完成某个具体的目标，确保目标按预期一步步地达成。

5. 可评估性原则　制定规划时目标应是可衡量的，应有明确的评价、检测手段和标准，有一组明确的数据，作为衡量目标是否达成的依据。比如，掌握哪些方面的知识、专业水平到达什么程度、职称晋升到什么程度、收入达到什么程度等都要有具体的标准，以便随时根据目标执行和实现情况，修订和调整生涯规划。

> **请你想一想**
>
> 作为一名中职学生，该如何做好自己的职业生涯规划？

第三节　培养职业生涯规划意识

实例分析

实例　乐乐、佳佳是好闺蜜，她们都是某中职学校药学专业的学生。由于乐乐性格开朗，人际沟通能力强，文笔过硬，入校不久就被同学推选为班干部，乐乐非常热爱所选择的专业，立志要成为一名出色的主管药师，所以她刻苦学习专业知识，虚心向任课教师请教，苦练技能。乐乐一入校就规划在校要参加国家技能大赛，要参加对口升学进入高等学府深造。佳佳是听从父母安排报考了药学专业，她说："从小学到初中，我的事情都是父母一手包办的。在填中考志愿时自己也没什么主意，于是就在父母安排下报考了药学专业。"经过一年学习，佳佳发现自己对药学专业一点也不感兴趣，药物分析、分析化学等课程学起来也非常吃力。但是佳佳能说会道，有出色的组织、管理、协调能力，对营销感兴趣，她的志向是成为营销领域的精英。

问题　1. 乐乐、佳佳在职业发展中分别选择了什么路线？

　　　　2. 她们应如何激发职业规划热情，培养职业规划意识，做好职业路线的规划？

一、激发职业生涯规划热情

随着中等职业教育的发展，我国中职毕业生人数日益增长，用人单位选择人才的范围更加广泛，企业更加关注学生的综合素质。知识经济时代对劳动者的素质提出了更高的要求。因此中职学生激发生涯规划热情，努力培养并提高自身的职业素质，才能提高就业能力，才能找到合适的工作，立足岗位、服务社会。

(一)　职业生涯规划热情的内涵

生涯规划热情是个体在自我认识的基础上，在对影响个人发展的各种因素进行选择的过程中所表现出来的情感倾向。生涯规划要求中职学生在自我认知的基础上，根据自己的专业特长、知识结构，结合社会环境与市场需求，对将来要从事的职业及要达到的目标做出方向性设计。

（二）激发职业生涯规划热情的意义

职业生涯规划热情不仅体现为对外界环境的关注，还体现为对自我的认识。带着热情去制定相应的生涯规划具有重要意义。对生涯规划缺乏热情的同学，人生没有努力方向，学习生活缺失了激情和动力，将来必然是一无所获、四处碰壁。激发生涯规划热情在中职生成长和发展的过程中有着重要意义。

1. 激发潜能，增强实力 一个具有生涯规划热情的中职生能正确客观评价自身，正确看待自己的优势与劣势，能客观地评估理想与现实之间的差距，更能积极地运用科学方法、采取可行的步骤与措施，不断增强各方面实力，最终实现自己的职业目标与理想。

2. 提升职业成功的机会 激发生涯规划的热情，可以促使中职生提早明确职业发展目标，制定生涯发展计划，能勇敢直面困难，主动迎接各种挑战，并一步一个脚印到达成功彼岸。相反，如果缺乏生涯规划热情，得过且过，敷衍了事，生涯发展会常常受挫。

3. 增强中职生就业竞争力 用人单位非常看重新进员工生涯规划中对岗位的情感倾向。"乐意从最基层的工作做起，用三至五年时间熟悉业务，掌握相应经验，然后向高级主管职位挑战。"这个生涯规划理性而不乏热情，求职成功的可能性更大。相反，有一些同学对自己和工作没有恰当的认识，表现为眼高手低，或一些同学过高估计自己就业实力，将报酬作为选择职业唯一条件，这些都是缺乏生涯规划热情的表现。

4. 有助于职业规划的最佳定位 生涯规划的重要前提是认识自我、认识外界，这样才能有明确的职业方向。很多中职同学缺乏主动认识自我、认识外界的热情，对待生涯规划没有激情，表现为马马虎虎、顺其自然。因此职业规划定位往往很盲目，更谈不上最佳。

5. 有利于建立科学的择业观 科学择业即依照自己的职业期望和兴趣，凭借自身能力选择职业，使自身能力素质与职业需求特征相符合。

6. 促进个人全面发展 生涯规划热情使原本枯燥的方案表格变得充满活力，这种热情能促进个体发挥主观能动性，不断提升自我素质和综合能力，实现个人的全面发展。

（三）职业生涯规划热情的激发方式

职业生涯规划热情是中职生就业和创业的根本，是中职生个人发展的需要。职业生涯规划热情的激发可以从以下5个方面进行。

1. 志存高远 远大理想是中职生健康成长的重要条件，有理想才会有目标，中职生要将个人发展的远大理想与国家的发展、民族的进步联系起来。生涯规划从一定意义上说是中职生个人理想的体现，也是时代对中职生的要求。志存高远的人才能为生涯规划指明方向、注入动力。

2. 精心规划 生涯规划对中职生能否取得职业发展成功具有决定性的作用，良好的生涯规划可以促进个体的完善，通过不断的努力使自己各阶段的目标变成现实，中职生应以饱满的热忱去制定生涯发展规划。

3. 认真实施　制定具体的行动方案，按照规划的短期、中期、长远发展目标制定出阶段性的行动方案，再将阶段性的方案细化到日常可操作的层面落实方案。

4. 注重实践　中职生在做生涯规划过程中，通过职业测评、社会调查、自我评估等一系列的实践活动让自己参与其中，提升自己对生涯规划的关注度，不断提高自己、丰富自己、增强自信。

5. 感受乐趣　生涯规划有别于基础课和专业课的学习，生涯规划就是要设计未来的自己，它具有明显的个性化特征，这种为自己量身定做的方法更能激发中职生的参与热情，体会别样的学习乐趣。

你知道吗

目标的力量——哈佛试验

哈佛大学曾经做过一个著名的试验，在一群智力与年龄相近的在校学生中进行了一次关于人生目标的调查。调查结果显示如下：3% 的人有自己清晰的长远目标；10% 的人有清晰但比较短期的目标；60% 的人只有一些模糊的目标；27% 的人没有目标。

25 年后，哈佛大学再次对他们做了跟踪调查，结果显示，那 3% 的人几乎都成了社会各界的精英，行业领袖；那 10% 的人也都是各行业领域的成功人士，生活在社会的中上层，事业有成；那 60% 的人基本上属于社会大众群体，生活在社会中下层，事业平平；那 27% 的人过得很不如意，工作不安定，常抱怨社会，抱怨政府，怨天尤人。

二、培养职业生涯规划意识

职业生涯规划意识的培养，是对中职学生思想观念层面的转变和强化，让学生愿意主动为生涯规划付出和投入。只有让中职学生认同职业生涯规划意识，看见生涯规划的效果，才能实现观念的转变和意识的树立。职业生涯规划意识就是要对个体与职业的契合度、个体与不同阶段的匹配度提供精神支持，使生涯规划能够更有效地服务于未来发展。

职业生涯规划意识培养是渐进的，不同阶段有不同的任务和要求。培养职业生涯规划意识，就要不断地根据学习、工作和生活情况（环境）来调整和改进生涯规划。

（一）常见问题

1. 缺乏积极的职业生涯规划意识　中职生如果缺乏积极的职业生涯规划意识，就容易使人产生依赖、从众和"临时抱佛脚"等不良心理。据调查，有相当一部分中职学生抱着"车到山前必有路"的想法，认为自己迟早会找到工作；有的甚至一味依靠学校的推荐和家长的努力来找工作，不思进取。

2. 不能正确认识社会　中职生缺乏社会阅历和实践，常常不能正确认识社会，面对社会人才市场的激烈竞争抱有恐惧心理，对自己的学历、性别、技能、经验等缺乏自省，从而产生紧张、焦虑、抑郁等心理问题。有的学生由于受这种心理困惑持续时间较长，已经影响到正常的学习、生活和心理健康。

3. 不能客观评价自己　部分中职学生不能客观地评价自己，容易产生不良心态，如自傲、自卑、保守和攀比等心理问题。主要表现为有的中职学生过高地评估自己，认为自己肯定能找到好工作，不必提前自寻烦恼；有的学生患得患失，对自己的评价一落千丈，产生自卑心理；有的则满足现状，认为毕业后能找到一份工作就可以了，没有更高追求。

（二）培养方法

1. 尽早树立生涯规划意识　生涯规划意识的培养不可能是一朝一夕的事，是需要一段时间才能完成的过程。因此，职业生涯规划意识应该早安排、早计划、早实施。正确的职业生涯规划可以帮助学生明确职业定位，产生专业学习动力，而缺乏职业生涯规划意识的学生则会缺少专业学习的动力，对专业及相关职业认同感会比较差，最终导致就业能力低下，影响毕业就业。

2. 将生涯规划意识渗透到学习的各方面　职业生涯规划意识的培养不是孤立的，中职生应该将职业生涯规划与专业学习融为一体，在专业知识学习、专业技能训练及综合素质提升过程中不断培养职业生涯规划意识，在专业实践活动中强化职业生涯规划意识，在专业见习、实习过程中调整、巩固职业生涯规划意识。

3. 通过社会实践活动调整职业生涯规划意识　通过观看或参加"职来职往""勇往直前""与 HR 面对面"等求职实践节目或活动，中职生能直观了解生涯规划的效果，激发生涯规划的内在动力，不断增强生涯规划意识。同时，能真切体会到自己的能力差异，从而明确努力方向，通过规划、调整、规划、再调整的循环向上的过程提高自己的专业能力，以此提升就业能力，提高就业竞争力，最终实现成功就业。

目标检测

一、选择题

1. 下面不属于职业生涯规划特点的是（　　）。
   A. 可行性、持续性　　　　　　　　B. 适时性、重要性
   C. 灵活性、稳定性　　　　　　　　D. 自觉性、积极性

2. 从职业能力形成的角度来看，下列要求错误的是（　　）。
   A. 珍惜在校生活，努力学习文化知识和专业知识
   B. 抓紧时间吃喝玩乐
   C. 自觉提高职业能力
   D. 抓紧时间加强技能训练

3. 以下不属于职业生涯规划原则的是（　　　）。

  A. 明确可行性原则   B. 相关一致性原则

  C. 全程动态性原则   D. 可持续性原则

4. 斯威恩提出的职业生涯规划的方法是（　　　）。

  A. 五个"WHAT"归零思考法   B. "三角模式"职业生涯规划法

  C. 职业测评法   D. SWOT 分析评估法

5. 职业生涯规划的重要性在于（　　　）。

  A. 帮助规划者最终实现自己的理想

  B. 帮助规划者目标明确地发展自己

  C. 帮助规划者最终找到理性的职业

  D. 帮助规划者不用太费劲就能找到自己的理想职业

6. 在制定生涯规划时，（　　　）是关键的一个步骤。

  A. 客观认识自我   B. 评估职业机会

  C. 确立志向   D. 确定职业目标和路径

7. 下面不是影响职业生涯规划因素的是（　　　）。

  A. 自我因素 B. 宏观因素 C. 外界因素 D. 微观因素

8. 实现职业生涯规划理想的重要保证是落实（　　　）。

  A. 近期目标 B. 远期目标 C. 阶段目标 D. 理想目标

9. 中职生应正确看待自己的优势与劣势，调整自己的就业期望值，从（　　　）做起。

  A. 高端岗位 B. 基层岗位 C. 高层次岗位 D. 高期望值

10. （　　　）不是中职生在职业生涯规划中的常见问题。

  A. 缺乏积极的职业生涯规划意识

  B. 不能正确认识社会

  C. 不能客观评价自己

  D. 针对自身的优势、劣势统筹考虑谋划自己的职业生涯规划

二、思考题

1. 职业生涯规划对中职学生发展有何意义？

2. 结合自身的实际情况，谈谈如何进行合理的职业生涯规划。

书网融合……

e 微课   划重点   自测题

第二章 自我探索

学习目标

知识目标

1. **掌握** 自我认知的重要性与意义。
2. **熟悉** 自我认知的方法。
3. **了解** 性格、兴趣、能力及价值观对职业选择的影响。

能力目标

1. 掌握自我探索的方法。
2. 树立正确的职业价值观。

第一节 自我认知

实例分析

实例 初中毕业的王梦溪一直以来都是一个认真努力的学生，可是学习成绩一直不理想，中考失利后，看着自己的好友以优异的成绩考进了本市重点高中，心里很不是滋味，也想通过上高中圆自己的大学梦。王梦溪把自己的想法告诉了父母，希望父母能想办法让她进高中继续上学，未来能考上一个理想的大学。

问题 你认为王梦溪的做法合适吗？为什么？

正确认知自我是中职学生进行正确职业规划、职业决策的关键因素，对未来职业乃至一生也都会产生深远的影响。从某种意义上说，没有自我认知，就没有真正意义上的职业规划、职业决策。

一、自我认知的内涵

自我认知又称自我意识、自我，是个体对自己存在的觉察，包括对自己的行为和心理状态的认知。自我认知是对自己的洞察和理解，包括自我观察和自我评价。

你知道吗

中国有一句话，叫"人贵有自知之明"。最早提出这个观念的人是老子。老子在《道德经》里说"知人者智，自知者明"。有"自知之明"是指人应该对自己有正确的认识，了解自身的优点和缺点，清醒地知道自己能做什么。把人的自知视为"贵"，可见做到"自知"是多么不易。

二、自我认知的原则

1. 全面性原则 自我评价应当全面。既要看到自身的优点和长处，也要看到自己的缺点和不足。只有全面认识自己，才能扬长避短。

2. 适度性原则　自我评价应当适度。过高的自我评价会使人骄傲自满、狂妄自大；过低的自我评价则会使人缺乏自信、畏首畏尾。过高或过低的自我评价对自身的成长都是不利的。

3. 客观性原则　自我评价要客观。自我评价要以客观事实为依据，摆脱主观因素的限制和干扰，实事求是地评价自我。

4. 发展性原则　要用发展的眼光看待自己。不但要正确评价"现在的我"，还要认识自己的潜力，看到未来自己可能的发展变化，对"未来的我"做出预测性评价。

三、自我认知的方法

1. 现实情景检测法　通常日常行为都是自然发生的，没有经过任何反思的行为。在日常生活的现实情景中观察、理解自己的行为，从而认识自己。例如，想象一下，在对待脾气暴躁的人时，是否能够以礼相待？如果是，那么自身可能具有较强的合作与适应能力，情绪的稳定性也较高。

2. 内省法　是通过与自己内心对话，反思自己。所以不妨问问自己，工作的意义是什么，什么对自己最重要等。

3. 回顾成长经历法　每个人的成长都是有积累的，可以回想一下自己的经历，如果是失败的经历，要从中吸取教训；如果是成功的经历，应从中获得经验。

> **请你想一想**
>
> 别人眼中的自己和自己眼中的自己一样吗？如何正确对待别人的评价？

4. 利用他人评价法　仅从自己角度了解自己，一定会存在盲点，而通过别人对自己的态度和行为方式来了解自己，能够获得较客观的定位。通过同事、朋友和上级的评价，能够加深对自己的了解，进一步完善自我。因此要保持开放的态度来接受外界的评价甚至指责。

第二节　性格与职业的关系

实例分析

实例　李磊初中毕业选择了某中药学校学习中药专业。临近毕业找工作，李磊的父母觉得药品的检验工作不错，工作环境好，工资待遇也高，坚持让李磊进药厂做检验。口才好、爱交际的李磊属于变化型、独立型、劝服型性格，但最终还是拗不过父母，选择了中药公司做检验。虽然李磊工作也很努力，但是总觉得每天与化验仪器打交道太枯燥。后来所在单位销售部招人，李磊应聘到销售部，每天跑市场、跑销售，李磊觉得工作突然变得有了生机和动力，自己的性格优势得到了充分的发挥，经过不懈努力，年底一跃成为销售部的销售冠军，收入也成倍增长。李磊很快成为领导眼中的骨干，短短两年就被提拔为销售部经理。

　　问题　李磊的成功说明了什么？

一、性格与职业性格的内涵

　　性格是一个人在对待客观事物和社会行为方式中所表现出来的比较稳定的个性心理特征，即一个人对事物的稳定态度和与其相适应的习惯化的行为方式。性格具有独特性，没有好坏之分。知晓自己性格中的擅长与不擅长之处，并了解与之相适应的环境和职业，就能做出合乎自己情况的职业选择。

　　职业性格是指人们在长期特定的职业生活中所形成的与职业相联系的、稳定的心理特征。例如，有的人对待工作总是一丝不苟、踏实认真，在待人处事中总是表现出高度的原则性和负责感；在对待自己的态度上总是表现为谦虚、自信、严于律己等，所有这些特征的总和就是职业性格。

二、性格与职业发展的关系

（一）性格对职业选择的重要影响

　　性格与职业息息相关。性格使一个人更加偏爱某一种环境，由于性格的不同，每个人在对不同环境的认知过程中，也表现出不同的个性化风格。从事与自己性格不匹配的工作，个人的才能就会受到阻碍。使一个人在某种职业中获得成功的性格，可能会让其在另一职业中大受挫折。许多工作对性格品质有着特定的要求，要选择某一职业就必须具备这一职业所要求的性格特征。因此在职业选择中，应尽可能充分考虑自己的个性特征与职业要求是否相适应，这样在工作中就能够满足自己的独特愿望，能够发挥自己特有的能力，还能利用自己的个人资本，体验到更多的快乐和愉悦。

　　在任何事情上每个人天生都有自己擅长的一面，也有自己不擅长的一面，没有好坏之分。如果能够找到一个适合的环境，在其中发挥自己的长处和优势，那么人就会很自信，而且往往会取得佳绩。相反，如果要求自己做不擅长的事情，那么多半会感到不舒服、不自在，可能无法做好本职工作。

（二）性格与职业匹配

　　不同的职业对人有不同的性格要求，要适应这一职业，就必须具备或培养这一职业所需的性格特征。在职业实践中，职业活动的要求也会让从业者巩固或改变原有的性格特征，形成许多新的性格特征。例如，作为医生，要有精益求精、一丝不苟的工作态度，有救死扶伤的人道主义品质，有高度的责任感并具有同情心；教师要热爱教育事业、富有爱心、为人师表、严于律己；工厂技术员要有创新精神、实干精神和刻苦耐劳、持之以恒的品质；管理干部要善于交往沟通、多角度思维、关心下属等。

你知道吗

一般来说，外向型性格的人适合从事社交性、活动性的职业；内向型性格的人适合从事文字性、安稳性的职业；混合型性格的人则根据偏外向或偏内向的具体情况，结合自身气质类型综合确定职业取向。

外向型性格的人适合的职业有：节目主持人、演艺人员、宣传工作人员、广告业人士、公关人员、接待人员、企业家、社会活动家、证券经纪人、保险代理人、企业经理、理财专家、新闻记者、律师、导游等。

内向型性格的人适合的职业有：财务会计人员、审计人员、工程师、技术员、编辑、翻译、软件开发与设计师、网络技术员、艺术设计人员、建筑师、人事管理人员、企事业培训人员、经济与金融研究人员、银行职员、心理咨询员、护理人员等。

近年来，科学家依据性格和职业的关系，把职业性格分为以下 9 种类型。

1. 变化型　①表现特征：在新的和意外的活动或工作情境中感到愉快，喜欢有变化的和多样化的工作，善于转移注意力。②适合的职业：记者、推销员、演员等。

2. 重复型　①表现特征：适合连续从事同样的工作，按固定的计划或进度办事，喜欢重复的、有规律的、有标准的工种。②适合的职业：纺织工、机床工、印刷工、电影放映员等。

3. 服从型　①表现特征：愿意配合别人或按别人指示办事，而不愿意自己独立做出决策、担负责任。②适合的职业：办公室职员、秘书、翻译等。

4. 独立型　①表现特征：喜欢计划自己的活动和指导别人活动或对未来的事情做出决定，在独立负责的工作情境中感到愉快。②适合的职业：管理人员、律师、警察、侦察员等。

5. 协作型　①表现特征：在与人协同工作时感到愉快，善于引导别人，并想得到同事们的喜欢。②适合的职业：社会工作者、咨询人员等。

6. 机智型　①表现特征：在紧张和危险的情况下能自我控制、沉着应付，发生意外和差错时不慌不忙地出色完成任务。②适合的职业：驾驶员、飞行员、公安人员、消防员、救生员等。

7. 劝服型　①表现特征：善于说服别人，能通过谈话和文字进行沟通，对别人的反应有较强的判断能力，并善于影响他人的态度、观点和判断。②适合的职业：辅导员、思想政治教育工作者、演说家、谈判专家等。

8. 自我表现型　①表现特征：喜欢表现自己的爱好和个性，根据自己的感情做出选择，能通过自己的工作来表现自己的思想。②适合的职业：演员、诗人、音乐家、画家等。

9. 严谨型　①表现特征：注重工作过程中各个环节、细节的精确性。能够按一套规划和步骤工作，尽可能做得完美，倾向于严格、努力地工作以看到自己出色完成工作的效果。②适合的职业：会计、出纳员、统计员、校对员、图书档案管理员、打字员等。

三、MBTI 职业性格测试

MBTI（Myers – Briggs Type Indicator）是一种迫选型、自我报告式的性格评估测试，用以衡量和描述人们在获取信息、做出决策、对待生活等方面的心理活动规律和性格类型。由美国的心理学家 Katherine Cook Briggs 和她的心理学家女儿 Isabel Briggs Myers 根据瑞士著名的心理分析学家 Carl G. Jung 的心理类型理论和她们对于人类性格差异的长期观察和研究而著成。经过了长达 50 多年的研究和发展，MBTI 已经成为当今全球最为著名和权威的性格测试。MBTI 从四个维度来测量人的性格，见表 2 – 1。

表 2 – 1 **MBTI 四个维度测量指标**

维度	类型	英文	测量的内容
1	外向/内向	Extrover（E）/Introvert（I）	心理能力的走向
2	感觉/直觉	Sensing（S）/Intuition（N）	认识外在世界的方法
3	思维/情感	Thinking（T）/Feeling（F）	依赖什么方式做决定
4	判断/理解	Judging（J）/Perceiving（P）	生活方式和处事态度

根据四个维度、八个不同端点，可形成 16 种不同的人格类型，见表 2 – 2。

表 2 – 2 **MBTI 职业性格测试 16 种不同人格类型**

类型名称	相对应类型英文字母简称	类型名称	相对应类型英文字母简称
内向感觉思维判断	（ISTJ）	内向感觉情感判断	（ISFJ）
内向直觉情感判断	（INFJ）	内向直觉思维判断	（INTJ）
内向感觉思维理解	（ISTP）	内向感觉情感理解	（ISFP）
内向直觉情感理解	（INFP）	内向直觉思维理解	（INTP）
外向感觉思维判断	（ESTJ）	外向感觉情感判断	（ESFJ）
外向直觉情感判断	（ENFJ）	外向直觉思维判断	（ENTJ）
外向感觉思维理解	（ESTP）	外向感觉情感理解	（ESFP）
外向直觉情感理解	（ENFP）	外向直觉思维理解	（ENTP）

MBTI 行为方式倾向测试，见表 2 – 3。

表 2 – 3 **MBTI 行为方式倾向测试**

您把注意力集中在哪些方面？（E/I 尺度）

大部分偏外向的人的性格：
- 适应外部环境
- 喜欢通过交谈进行交际
- 从行动或讨论中学的最好
- 兴趣广泛
- 倾向于先说，然后思考
- 好社交，善于表达
- 工作中相互关系中采取主动

大部分偏内向的人的性格：
- 倾心于自己的内心世界
- 通过思考和头脑"实践"学的最好
- 喜欢书面交际
- 兴趣深度大
- 行动和说话之前先思考
- 喜欢独处，自我克制
- 随时都可以集中注意力

续表

您如何获取信息、如何了解事物？（S/N 尺度）	
大部分偏爱感觉的人的性格：	大部分偏爱直觉的人的性格：
·注意力集中在真实而确切的问题上	·着眼于宏观的可能性
·看中有实际价值的应用	·看重有想象力的洞察
·实在而具体，关注细节	·抽象而理论化
·按事情发生的先后观察、记忆	·看得到事实中的模式和意义
·着眼于目前	·着眼于未来
·希望依次获得系统信息	·随时发生突变、飞跃
·相信经验	·相信灵感

您如何决策？（T/F 尺度）	
大部分偏爱思维的人的性格：	大部分偏爱情感的人的性格：
·善于分析	·有同情心
·解决问题有逻辑性	·重视对人产生的影响
·运用因果推理	·受个人价值观的支配
·"硬心肠"	·"有恻隐之心的人"
·探求非个人的、客观的真实	·追求和睦与个人的被承认
·通情达理	·慈悲为怀
·公正	·易受他人影响

您如何应付外界环境？（J/P 尺度）	
大部分偏爱判断的人的性格：	大部分偏爱理解的人的性格：
·计划性强	·顺其自然
·有条理	·无确定的结果
·系统性强	·随意性
·做事有条不紊	·灵活
·有计划	·善应变
·喜欢了断一件事情，把事情决定下来	·办事不喜欢有严格的限定，随机应变
·避免到最后压力重重	·感到精力充沛地应付最后的压力

与 MBTI 职业性格测试 16 种不同人格类型密切相关的性格特点如下。

1．ISTJ 严肃、少言、依靠，精力集中和有始有终。注重实际，有秩序，实事求是，有逻辑，现实，值得信赖。使事情组织得有条不紊。负责任。自己决定该做什么并不顾反对和干扰，坚定不移地去完成它。

2．ISFJ 少言、友善、负责任又认真。尽心地工作，尽职尽责。可以使任何项目和群体更加稳定。有始有终，刻苦、准确。能对必要的细节有耐心。忠贞，体谅人，有洞察力，关心别人的想法。

3．INFJ 依靠坚忍不拔取得成功，富创造力，希望做需要做和想要做的事情。全力投入自己的工作。沉静、坚强，责任心强，关心他人。因其坚定的原则而受尊重。由于其在如何最好地为公共利益服务等方面有明晰的洞察力，别人可能会尊重和追随他们。

4．INTJ 具有创造的思想并热衷于实现。目光远大，对外部事件能迅速找到有意义的模式。在吸引他们的领域，他们有很好的能力去组织工作并将其进行到底。不轻信，具有批判性、独立性，有决心，对能力和行动有高的标准。

5．ISTP 冷静的旁观者。少言、自制，以超然的好奇心和出人意料的、有创意的幽默观察和分析生活。往往对起因和结果感兴趣，也对机械的事物怎么及为什么奏效及用逻辑原理组织事实倾注兴趣。擅长抓住实际问题的核心并寻求解决办法。

6. ISFP 羞怯、少言但友善、敏感、和蔼，谦虚地看待自己的能力。回避争论，不将自己的观点和价值观强加于人。一般说，无意于做领导工作，但却常常是忠实的追随者。他们乐于享受眼前的乐趣，做事轻松，因为其不愿让过度的紧迫和费事来破坏这种享乐。

7. INFP 沉稳的观察者，理想主义，忠实，看重外在的生活和内在的价值的一致。有求知欲，能迅速看出各种可能性，常常起到促进实行一些主张的作用。只要某种价值观不受到威胁，他们都善应变、灵活和接受。愿意谅解别人和了解充分发挥人的潜力的方法。对财富和周围的事物不太关心。

8. INTP 沉默寡言，特别喜欢理论上或科学方面的追求。喜爱用逻辑和分析解决问题。主要有兴趣于出主意，不太喜欢聚会和闲聊天。对某一方面有非常明显的爱好。谋求其某些特别的爱好能得到运用和有用的那些职业。

9. ESTP 擅长于现场解决问题。喜欢行动，对任何的进展都感到高兴。往往喜欢机械的东西和运动，并愿意朋友在旁边。善应变，容忍，重实效，集中精力于取得成果。不喜多加解释。最喜好能干好、能掌握、能分析、能合一的实际事物。

10. ESFP 开朗、随和、友善，喜欢一切并使事物由于他们的喜爱而让别人感到更有趣。喜欢行动并力促事情发生。他们了解正在发生的事情并积极参与。认为记住事实比掌握理论更为容易。在需要人情事理以及与人打交道实际情况下表现最佳。

11. ENFP 极为热心，极富朝气，足智多谋，富有想象力，几乎能够做自己感兴趣的任何事情。对任何困难都能迅速给出解决办法并随时准备去帮助任何一个遇到难题的人。常常依靠自己的能力去完成事情。经常能对自己想做的任何事情找到令人心服的理由。

12. ENTP 敏捷、有发明天才，长于许多事情。有给予鼓励的伙伴，机警直言。可能出于逗趣而争论问题的任何一个方面。在解决新的、挑战性的问题方面富于机智，但可能忽视日常工作。易把兴趣从一点转移到另一点。能轻而易举地为自己的要求找到合乎逻辑的理由。

13. ESTJ 讲实际，重现实，公事公办，具有天生的商业或机械头脑，对抽象理论不感兴趣，希望学习以便可以直接和立即应用。喜欢组织和参与活动；通常能做优秀的领导人；果断，能迅速行动起来执行决定；能料理好日常事务的各种细节。

14. ESFJ 热心、健谈、受欢迎。有责任心的天生合作者，积极的委员会成员。要求和谐并可能长于创造和谐。经常为别人做好事。能得到鼓励和赞扬时工作最出色。主要的兴趣在于那些对人们的生活有直接和明显影响的事情。

15. ENFJ 敏感、负责任。真正关心他人的所想所愿。处理事情时尽量适当考虑别人的感情。能轻松而有技巧地提出建议或领导小组讨论。喜欢社交，受欢迎，有同情心。对表扬和批评敏感。喜欢给人以方便并使人们能发挥其潜力。

16. ENTJ　直率、果断，各种活动的领导者。制定完整的体系，并实施这一体系，解决问题。长于需要论据和机智地谈吐的任何事情，如公开演讲之类。往往见多识广并喜好增加其知识。

> **请你想一想**
>
> 根据 MBTI 职业性格测试 16 种不同人格类型，判断自己属于哪种性格类型？这种性格类型适合做哪些工作？

第三节　兴趣与职业的关系

实例分析

实例　王斌中考失利，与高中无缘，老师鼓励他上职校。王斌父母都从事中药行业，从小王斌就对各种中药感兴趣，假期还经常跟随父母到全国各地采购中药，对中药也算有所了解，所以在选择学校和专业时王斌选择了某中药学校的中药专业。在学校里，王斌系统地学习和钻研有关中药各方面的知识和技能，还经常参加各种中药方面比赛。

凭着对中药的兴趣和热爱，王斌在学校年年被评为"优秀学生"。刚毕业就被一家知名药企录用，专门负责药品原料采购。五年后王斌又凭着自己的努力考取了执业药师资格证。"做好中药，做良心中药"，王斌又渐渐地萌生出做药企的想法。为了实现这一理想，王斌决心把自己的时间和精力都献给自己所热爱的中药事业。

现在王斌已经成为当地颇有名气的药企老板，"品质、诚信"是他的创业理念。"唯有做出品质好的药才能对得起患者、对得起自己对中药的那份热爱！"成功以后的王斌感慨地说。

问题　王斌为什么会选择中药专业并在这一领域内继续发展？

一、兴趣与职业兴趣的内涵

兴趣是一个人积极探究某种事物的心理倾向。一个人会对自己有浓厚兴趣的领域积极探索、刻苦钻研，从而最大限度地发挥自己在这一领域的聪明才智。

职业兴趣是指人们对某种职业的关注程度及乐于从事某种职业的积极态度与倾向。一个人对工作的兴趣与其成就大小密切相关。有研究资料表明，如果一个人对他所从事的工作不感兴趣，他在工作中只能发挥其全部才能的 20%～30%；而一个人如果对他的工作有兴趣，他就能发挥其全部才能的 80%～90%。因此，在考虑自己未来职业发展方向时，要尽可能在所学专业对应的职业群中，选择自己感兴趣的职业作为发展方向。

二、兴趣对职业发展的影响

（一）兴趣是职业生涯选择的重要依据

兴趣是最好的老师，是一种强大的精神力量。兴趣可以使人集中精神去获得自己所喜欢的职业知识，启迪智慧并创造性地开展工作。当一个人对某种职业产生兴趣时，就能充分地调动自己的主动性，积极地去感知和关注该职业的相关知识、动态并积极地思考，大胆地探索，就能全身心地投入，使情绪高涨，想象力丰富，增强记忆效果，增强克服困难的意志。反之没有兴趣，是不会取得良好效果的，当然也就很难在该职业上发挥个人的优势并做出巨大贡献。

（二）兴趣可以提高工作效率，充分发挥才能

一个人对某项工作感兴趣时，枯燥的工作也会变得丰富多彩、趣味无穷。兴趣使工作不再是一种负担，而是一种享受。因为兴趣可以调动人的积极性，使其积极主动地思考、全身心地投入到工作中去；兴趣可以使人集中全部精力，充分发挥其敏锐的观察力、高度的注意力、丰富的想象力。因此，兴趣和能力的合理结合会大大提高工作效率。

（三）兴趣是职业稳定、职场成功的重要因素

兴趣的发展经历"有趣—乐趣—志趣"这一过程。中职学校的学生起初可能对许多职业都有兴趣，但这种兴趣往往是短暂的、多变的，随着对职业认识的深入，职业的中心兴趣会逐步形成，进而对从事的某项职业十分向往，并希望体验到快乐，这就是比较稳定的职业兴趣。

对于一个人来说，对工作感兴趣，就愿意去钻研、去坚持，并且从中获得满足感，更容易保持工作的长期性和稳定性。

请你想一想

　　某中职学校中药专业毕业的李丽毕业以后有两份工作可供其选择：一份工资待遇较高，但与自己感兴趣的中药专业并不吻合；另一份工资待遇稍低，却是自己喜欢的中药采购员职位。李丽犹豫不决，寻求周围人的意见，家人认为应该选择工资待遇较高的工作，喜欢不喜欢无所谓，老师认为要选择自己喜欢的职位，好朋友认为可以先接受待遇高自己不感兴趣的工作，积累一定的财富后再去追求自己的兴趣爱好。

　　如果你是李丽，你该如何选择？并说明理由。

有研究人员开展了一项针对1500名美国哈佛大学毕业生的研究，目的在于追踪他们的事业发展。这些毕业生在一开始就被分为两组：第一组想先赚钱，然后再做自己感兴趣的事；第二组的人则先追求他们真正的兴趣，认为以后财富会自然获得。其中第一组1245人，占83%；第二组255人，占17%。20年后，第二组产生了多名富翁。由此可见，从事自己感兴趣的职业，才最有可能在职业中获得成功。

三、霍兰德职业兴趣理论

有人曾夸张地说过：如果人能从事自己感兴趣的工作，那么，人生就是天堂。兴趣给人的职业过程带来的乐趣由此可见一斑。每一个人对感兴趣的职业都存在着相当程度的渴望。问题在于自己感兴趣的职业是什么。回答这样的问题，先要面对的是更为基础的问题，由于不可能在数以千计的职业中，去找寻自己所感兴趣的职业，所以须将庞杂的职业归为数量有限、适合操作的职业群，然后再去发现自己感兴趣的职业群。对于职业归类的研究，由来已久，所划分的类别当然也是众说纷纭。截至目前最具影响力且有配套的兴趣量表的，当属美国心理学家、职业指导专家霍兰德（John L. Holland）提出的职业兴趣理论。

霍兰德的职业兴趣理论认为人的人格类型、兴趣与职业密切相关，兴趣是人们活动的巨大动力，凡是具有职业兴趣的职业，都可以提高人们的积极性，促使人们积极地、愉快地从事该职业，且职业兴趣与人格之间存在很高的相关性。就职业选择而言，兴趣是个体和职业匹配的过程中最重要的因素。

（一）霍兰德职业兴趣理论的内容

霍兰德认为人格可分为社会型（S）、企业型（E）、常规型（C）、实际型（R）、研究型（I）和艺术型（A）六种类型（即"六角形"理论），具体如下。

1. 社会型（S）

（1）共同特征　喜欢与人交往、不断结交新的朋友；善言谈、愿意教导别人；关心社会问题、渴望发挥自己的社会作用；寻求广泛的人际关系，比较看重社会义务和社会道德。

（2）典型职业　喜欢要求与人打交道的工作，能够不断结交新的朋友，从事提供信息、启迪、帮助、培训、开发或治疗等事务，并具备相应能力。如教育工作者（教师、教育行政人员等）、社会工作者（咨询人员、公关人员等）。

2. 企业型（E）

（1）共同特征　追求权力、权威和物质财富，具有领导才能。喜欢竞争，敢冒风险，有野心、抱负。为人务实，习惯以利益得失、权利、地位、金钱等来衡量做事的价值，做事有较强的目的性。

（2）典型职业　喜欢要求具备经营、管理、劝服、监督和领导才能，以实现机构、政治、社会及经济目标的工作，并具备相应的能力。如项目经理、销售人员、营销管理人员、政府官员、企业领导、法官、律师。

3. 常规型（C）

（1）共同特点　尊重权威和规章制度，喜欢按计划办事，细心、有条理，习惯接受他人的指挥和领导，自己不谋求领导职务。喜欢关注实际和细节情况，通常较为谨慎和保守，缺乏创造性，不喜欢冒险和竞争，富有自我牺牲精神。

（2）典型职业　喜欢要求注意细节、精确度、有系统有条理，具有记录、归档、据特定要求或程序组织数据和文字信息的职业，并具备相应能力。如秘书、办公室人员、记事员、会计、行政助理、图书馆管理员、出纳员、打字员、投资分析员。

4. 实际型（R）

（1）共同特点　愿意使用工具从事操作性工作，动手能力强，做事手脚灵活，动作协调。偏好于具体任务，不善言辞，做事保守，较为谦虚。缺乏社交能力，通常喜欢独立做事。

（2）典型职业 喜欢使用工具、机器，需要基本操作技能的工作。对要求具备机械方面才能、体力或从事与物件、机器、工具、运动器材、植物、动物相关的职业有兴趣，并具备相应能力。如技术性职业（计算机硬件人员、摄影师、制图员、机械装配工等）、技能性职业（木匠、厨师、技工、修理工、农民等一般劳动）。

5. 研究型（I）

（1）共同特点 思想家而非实干家，抽象思维能力强，求知欲强，肯动脑，善思考，不愿动手。喜欢独立的和富有创造性的工作。知识渊博，有学识才能，不善于领导他人。考虑问题理性，做事喜欢精确，喜欢逻辑分析和推理，不断探讨未知的领域。

（2）典型职业 喜欢智力的、抽象的、分析的、独立的定向任务；喜欢要求具备智力或分析才能，并将其用于观察、估测、衡量、形成理论、最终解决问题的工作，并具备相应的能力。如科学研究人员、教师、工程师、电脑编程人员、医生、系统分析员。

6. 艺术型（A）

（1）共同特点 有创造力，乐于创造新颖、与众不同的成果，渴望表现自己的个性，实现自身的价值。做事理想化，追求完美，不重实际。具有一定的艺术才能和个性。善于表达、怀旧，心态较为复杂。

（2）典型职业 喜欢要求具备艺术修养、创造力、表达能力和直觉，并将其用于语言、行为、声音、颜色和形式的审美、思索和感受的工作，具备相应的能力。不善于事务性工作。如艺术方面（演员、导演、艺术设计师、雕刻家、建筑师、摄影家、广告制作人等）、音乐方面（歌唱家、作曲家、乐队指挥等）、文学方面（小说家、诗人、剧作家等）。

然而，大多数人都并非只有一种倾向（比如，一个人的倾向中很可能是同时包含着社会型倾向、实际型倾向和研究型倾向这三种）。霍兰德认为，这些倾向越相似，相容性越强，则一个人在选择职业时所面临的内在冲突和犹豫就会越少。为了帮助描述这种情况，霍兰德建议将这六种倾向分别放在一个正六三角形的每一角，见图 2-1。

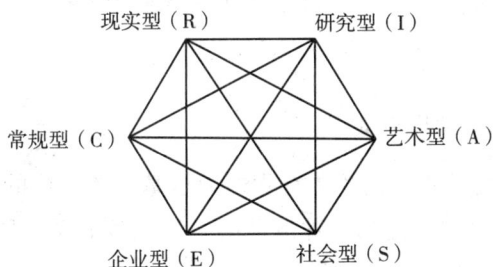

图 2-1 霍兰德职业兴趣六种倾向

（二）六种职业兴趣人格类型的内在关系

请你想一想

　　根据霍兰德兴趣类型理论，在符合自己情况的语言表述下划线，按照一、二、三的顺序选出你认为最符合自己情况的三种类型。

　　霍兰德所划分的六大职业兴趣人格类型，并非是并列的、有着明晰的边界的。它们之间包括三种关系：①相邻关系，属于这种关系的两种类型的个体之间的共同点较多；②相隔关系，属于这种关系的两种类型个体之间的共同点较相邻关系少；③相对关系，在六边形上处于对角位置的类型之间的关系，它们的人格类型共同点少，因此一个人同时对处于相对关系的两种职业都有浓厚兴趣的情况较为少见。

　　人们通常倾向选择与自我兴趣类型匹配的职业环境，这样可以更好地发挥个人的潜能。但在职业选择中，个体并非一定要选择与自己兴趣完全对应的职业环境。一方面是因为个体本身常常是多种兴趣类型的综合体，单一类型显著突出的情况不多，因此评价个体的兴趣类型时应当以其在六大类型中居前三的类型组合而成；另一方面，影响职业选择的因素是多方面的，不可能完全依据兴趣类型，还要参照社会的职业需求及获得职业的现实可能性等多种因素。基于以上原因，个体在职业选择时常常会不断妥协，寻求与相邻职业环境，甚至是相隔职业环境，并且逐渐适应工作环境。但是，如果个体寻找的是相对的职业环境，就意味着所从事的是与自身兴趣完全不同的职业环境，那么个体可能会难以适应，很难从中体验到快乐，甚至会觉得工作很痛苦。

第四节　能力与职业的关系

实例分析

　　实例　著名数学家陈景润曾经当过中学数学老师，但不太受学生欢迎。因为他的口头语言表达能力较差，人际交往能力和组织管理能力也不强。但他的学习能力极强，有超常的记忆能力、注意能力、想象能力、算数能力和高于常人的逻辑思维能力。这种能力特征，使他能成为攀登科学高峰的数学家，却无法成为合格的中学教师。

　　问题　陈景润数学方面的专业知识是毋庸置疑的，可他为什么不能成为一名合格的老师，反而成为一名成功的数学家呢？

一、能力与职业能力的内涵

　　能力是在观察力、记忆力、想象力等智力因素基础上形成的掌握知识、运用知识、进行创新的本领，是人们顺利完成某种活动所必须具备的个性特征，是人的素质的集中和综合的表现，直接影响着人们的活动效率。

　　能力受两个方面因素的影响：一是先天的因素；二是后天的因素。社会上任何一种职业对从业者的能力都有一定的要求。能力有一般能力和特殊能力之分。一般能力包括智力、协调能力等；特殊能力也称职业能力，是从事某种职业所必需的能力，如教师的语言表达能力、演员的表演能力、企业家的管理能力等。前者一般适用于生活，后者适用于某种职业。

心理学中还把能力分为显能和潜能。显能是指一个人现在已经具有的现实能力；潜能是指一个人经过进一步学习和训练，而达到更高水平的能力。

职业能力是人们从事其职业的多种能力的综合，是个体将所学的知识、技能和态度在特定的职业活动或情境中进行类化迁移与整合所形成的，能完成一定职业任务的能力。包括专业能力、方法能力和社会能力。

专业能力是从业者对从事的职业活动所需要的专业知识、技能的掌握和运用水平，强调应用性、针对性。方法能力是从业者对从事的职业活动所需要的工作方法、学习方法的掌握、选择和应用水平，强调合理性、逻辑性、创新性。社会能力是从业者在从事职业活动时适应社会、融入社会的水平和程度，强调适应性和积极的人生态度。

职业能力主要包含三方面基本要素：为了胜任一种具体职业而必须要具备的能力，表现为任职资格；在步入职场之后表现的职业素质；开始职业生涯之后具备的职业生涯管理能力。例如，一位教师只具有语言表达能力是不够的，还必须具有对教学的组织和管理能力，对教材的理解和使用能力，对教学问题和教学效果的分析、判断能力等，并且对学生进行有效积极的教育，这才是一个教师的职业能力。

二、能力对职业发展的影响

能力是一个人完成任务的前提条件，是影响工作效果的基本因素。因此，了解自己的能力倾向及不同职业的能力要求对合理地进行职业选择具有重要意义。能力的不同，对职业选择就有差异。从能力差异的角度来看，在职业选择时应遵循以下原则。

（一）注意一般能力、特殊能力与职业相吻合

一般能力包括注意力、观察力、记忆力、思维能力和想象力等。不同的职业对人的一般能力的要求不同，有些职业对从业者的智力水平有绝对的要求，如律师、工程师、科研人员、大学教师等都要求有很高的智商；智力在相当大的程度上决定着其所从事的职业类型。

特殊能力是指从事某项专业活动的能力，也可称特长，如计算能力、音乐能力、动作协调能力、语言表达能力、事务能力、空间判断能力、形态知觉能力、手指灵活度与灵巧度等。要顺利完成某项工作，除要具有一般能力外，又要具备该项工作所要求的特殊能力，如从事教育工作要有表达能力；从事数学研究需要有很强的逻辑思维能力。法官就应当有很强的逻辑推理能力，却不一定要很强的动手能力；建筑工应有一定的空间判断能力，却不需要良好的语言表达能力。

（二）充分发挥优势能力的作用

每个人都具有一个由多种能力组成的能力系统，每个人在这个能力系统中，各方

面能力的发展是不平衡的，常常是某方面的能力占优势，而另一些能力则不太突出，对职业选择和职业指导而言，应主要考虑其最佳能力，选择最能运用其优势能力的职业。同样，在人事安排中，如能注重一个人的优势能力并分配相应的工作，会更好地发挥一个人的作用。

（三）重视发掘自己的潜能

美国心理学家奥托认为"一个人所发挥出来的能力，只占全部能力的4%，也就是说，还有96%的潜能未开发出来。"个体在选择职业时，不仅要考虑已经具备的能力，还要根据自己的实际状况预计自己潜在能力的发挥状况，充分考虑自己现有能力及可能达到的潜能水平。

要充分发挥自己的潜能首先要具备高度的自信，相信自己能行；其次要有坚定的意志，不轻易言败、不轻易放弃；同时还要有强烈的愿望设立目标、实现目标。发掘潜能的过程，就是提高自己的过程。充分发掘自己的潜能，可以把很多"不可能"变为"可能"，从而提高职业选择的广度和深度，帮助职业生涯获得更大的成功。

三、职业资格证书制度

（一）职业资格证书的内涵

请你想一想

根据自己所学专业，了解自己所学专业与职业对应的职业资格证书有哪些？以及取得这些职业资格证书的条件及途径是什么？

国家职业资格证书制度是劳动就业制度的一项重要内容，也是一种特殊形式的国家考试制度。它是指按照国家制定的职业标准，通过政府认定的考核鉴定机构，对从业者的技能水平或职业资格进行客观、公正、科学规范的评价和鉴定，并对合格者授予相应的国家职业资格证书。

（二）职业资格证书的作用

国家职业资格证书由劳动保障部统一印制，劳动保障部门或国务院有关部门按规定办理和核发。国家职业资格证书是持有者具备某种职业所需要的专门知识和技能的证明，是持有者求职、任职、开业的资格凭证，是用人单位招聘、录用员工的主要依据，也是境外就业、对外劳务合作人员办理技能水平公证的有效证件。国家实行就业准入制度以后，在一些技术要求高、通用性强、关系人民身体健康财产安全的职业（工种）中，职业资格证书还是一种就业准入证明。

推行国家职业资格证书制度，是落实党中央、国务院提出的"科教兴国战略方针"的重要举措，也是我国人力资源开发的一项战略措施，同时还是贯彻《劳动法》《职业教育法》的重要表现。

（三）职业资格证书的等级

我国职业资格证书分为五个等级：初级（国家职业资格五级）、中级（国家职业资格四级）、高级（国家职业资格三级）、技师（国家职业资格二级）和高级技师（国家职业资格一级）。

（四）职业资格证书与学历证书的区别

职业资格是对从事某一职业所必备的学识、技术和能力的基本要求，反映了劳动者为适应职业劳动需要而运用特定的知识、技术和技能的能力。与学历文凭不同，学历文凭主要反映学生学习的经历，是文化理论知识水平的证明。职业资格与职业劳动的具体要求密切结合，更直接、更准确地反映了特定职业的实际工作标准和操作规范，以及劳动者从事该职业所达到的实际工作能力水平。

你知道吗

根据劳动和社会保障部制定的《国家职业标准制定技术规程》的规定，各等级的职业资格证书具体标准如下。

1. 国家职业资格五级（初级技能） 能够运用基本技能独立完成本职业的常规工作。

2. 国家职业资格四级（中级技能） 能够熟练运用基本技能独立完成本职业的常规工作；并在特定情况下，能够运用专门技能完成较为复杂的工作；能够与他人进行合作。

3. 国家职业资格三级（高级技能） 能够熟练运用基本技能和专门技能完成较为复杂的工作；包括完成部分非常规性工作。能够独立处理工作中出现的问题；能指导他人进行工作或协助培训一般操作人员。

4. 国家职业资格二级（技师） 能够熟练运用基本技能和专门技能完成较为复杂的、非常规性的工作；掌握本职业的关键操作技能技术；能组织指导他人进行工作；能培训一般操作人员；具有一定的管理能力。

5. 国家职业资格一级（高级技师） 能够熟练运用基本技能和特殊技能在本职业的各个领域完成复杂的、非常规性的工作；能组织开展技术改造、技术革新和进行专业技术培训；具有管理能力。

第五节　价值观与职业的关系

实例分析

实例 2011年，秦玥飞在耶鲁大学完成了经济学和政治学两个专业的学习，取得政治学和经济学双学位。许多人认为这是一条"穿西装、拿高薪"的"富贵路"。可是同年夏天，秦玥飞揣着一张《湖南省选聘大学生村官报名登记表》、一纸录用通知书，坐着绿皮火车，来到了湖南衡山贺家山村。

他的新身份是大学生"村官"，在职期间他做了很多有利于民生的工作，如为当地改善水利灌溉系统，硬化道路、安装路灯，修建现代化敬老院，为乡村师生配备平板电脑开展信息化教学等，因此 2013 年秦玥飞被央视评为"最美村官"。

2014 年服务期满，秦玥飞放弃提拔机会，转至白云村续任大学生村官。他带领村民创办农民专业合作社发展山茶油产业，通过创新创业为当地创造可持续发展动力。秦玥飞还与耶鲁中国同学发起了"黑土麦田公益"项目，招募支持优秀毕业生到国家级贫困县从事精准扶贫和创新创业工作。

2017 年 8 月，第二个大学生村官任期结束了，秦玥飞再次婉拒了组织上的提拔，他说"这六年我过得很开心，我的价值在农村，这条路才刚刚开始走，我还要继续向前走。"

问题　请你想一想是什么让秦玥飞放弃"穿西装、拿高薪"的"富贵路"，选择扎根农村，做一名"村官"？

一、价值观与职业价值观的内涵

价值观是指个人对客观事物（包括人、物、事）及对自己的行为结果的意义、作用、效果和重要性的总体评价，是推动并指引一个人采取决定和行动的原则、标准，是个性心理结构的核心因素之一。它使人的行为带有稳定的倾向性。价值观是人用于区别好坏，分辨是非及其重要性的心理倾向体系。它反映人对客观事物的是非及重要性的评价，人不同于动物，动物只能被动适应环境，人不仅能认识世界是什么、怎么样和为什么，而且还知道应该做什么、选择什么，发现事物对自己的意义，确定并实现奋斗目标，这些都是由每个人的价值观支配的。

职业价值观是人生目标和人生态度在职业选择方面的具体表现，是个人对职业的认识和态度以及对职业目标的追求和向往。

根据不同的划分标准，人们对职业价值观的种类划分也不同。美国心理学家洛特克在其所著《人类价值观的本质》一书中，提出 13 种价值观：成就感、审美追求、挑战、健康、收入与财富、独立性、爱、家庭与人际关系、道德感、欢乐、权利、安全感、自我成长和社会交往。我国学者阚雅玲将职业价值观分为以下 12 类。

1. 收入与财富　工作能够明显有效地改变自己的财务状况，将薪酬作为选择工作的重要依据。工作的目的或动力主要来源于对收入和财富的追求，并以此改善生活质量，显示自己的身份和地位。

2. 兴趣特长　以自己的兴趣和特长作为选择职业最重要的因素，能够扬长避短、趋利避害、择我所爱、爱我所选，可以从工作中得到乐趣、获得成就感。在很多时候，会拒绝做自己不喜欢、不擅长的工作。

3. 权力地位　有较高的权力欲望，希望能够影响或控制他人，使他人照着自己的意思去行动；认为有较高的权力地位会受到他人尊重，从中可以得到较强的成就感和满足感。

4. 自由独立　在工作中能有弹性，不想受太多的约束，可以充分掌握自己的时间和行动，自由度高，不想与太多人发生工作关系，既不想制人也不想受制于人。

5. 自我成长　工作能够给予受培训和锻炼的机会，使自己的经验与阅历能够在一定的时间内得以丰富和提高。

6. 自我实现　工作能够提供平台和机会，使自己的专业和能力得以全面运用和施展，实现自身价值。

7. 人际关系　将工作单位的人际关系看得非常重要，渴望能够在一个和谐、友好甚至被关爱的环境中工作。

8. 身心健康　工作能够免于危险、过度劳累，免于焦虑、紧张和恐惧，使自己的身心健康不受影响。

9. 环境舒适　工作环境舒适宜人。

10. 工作稳定　工作相对稳定，不必担心经常出现裁员和辞退现象，免于经常奔波找工作。

11. 社会需要　能够根据组织和社会的需要响应某一号召，为集体和社会做出贡献。

12. 追求新意　希望工作的内容经常变换，使工作和生活显得丰富多彩，不单调枯燥。

> **请你想一想**
>
> 　拿出一支笔、一张纸，列出以上 12 个职业价值取向，如果从中划掉一项，你会划掉哪一项呢？　再划掉一项呢？　再划掉一项，最后只能留三项，你会选择留下哪三项呢？　留下的，可能就是你最在意的价值取向。

二、职业价值观对职业选择的影响

任何人在选择职业时都会受到一定动机的支配，而择业的动机一般都是由价值观决定的。在选择职业的过程中，人们总是盼望所选择的职业能够满足自己的某种物质和精神需要。

一个人越了解自己的职业价值观，就会清晰地知道自己在工作和生活中想要寻求什么，什么对自己来说是最重要的，其生涯目标也越清晰。而当一个人的职业选择面临矛盾、冲突时，起决定作用的往往是他的职业价值观。

社会上的各种职业都有一定的价值，不同的职业体现着不同的价值内容。由于各种职业的工作条件、工作方式、工作强度、工作性质以及工作的社会和经济效果都不相同，社会舆论也会对这些价值内容做出评价。所以，人们在思想上会对不同的职业做出不同的评价和表现不同的态度。

三、树立正确的职业价值观　📱微课

（一）处理好几种关系

1. 处理好职业价值观与金钱、名利的关系　金钱是一种成就的报酬，它是在确定职业价值观时首先要面对的问题。有些经济条件不太好的毕业生在求职时，将金钱作为首选价值观，从根本上讲这并未有错。但是对于一些人来说，拥有的知识、能力、经验和阅历还不足以使其一走上社会就获得大量金钱回报。怀有一夜暴富的心理是不正常的，更是危险的，容易被社会上的不法分子利用，甚至误入歧途。特别是面对严峻的就业形势，更应理性地降低对金钱的期望值，把眼光放远一些，应尽可能地将自我成长和自我实现作为在毕业求职时的首选价值观。

欲望可以使人成就大的事业，也可以使人自我毁灭，不唯名利是图，要学会以合理、合法、公平、公正的方式追逐名利。该知足时则知足，该进取时则进取。

2. 处理好职业价值观与个人兴趣、特长的关系　职业价值观、个人兴趣和特长是人们在择业时需要考虑的最重要的三个因素。在确定价值观时，一定要考虑它是否与自己的兴趣和特长相适应。据调查，如果一个人从事自己不喜欢的工作，有80%的人难以在自己选择的职业上获得成功；而如果选择了自己喜欢的工作则可以充分发掘人的潜能，获得职业发展的动力。此外，选择一项自己擅长的工作，也会事半功倍。

3. 处理好职业价值观的排序与取舍的问题　职业价值观的特性决定人们不会只有唯一的职业价值观，人性的本能也会驱使人们希望什么都能得到，但在现实生活中"鱼和熊掌"是不可兼得的，在职业选择中更是如此。既然是选择，就要付出代价，只有舍，才能得。所以，要对自己的职业价值观进行排序，找出自己认为最重要、次重要的方面，并提醒自己不可能什么都得到。否则就会患得患失，终其一生也不清楚自己到底想要什么，更谈不上职业生涯的成功和对社会的贡献了。

4. 处理好个人职业价值观与社会需要之间的关系　在选择职业时不能只看重职业本身的价值，还应看到职业对社会的创造和贡献。人不能离开社会而独立存在，个人只有在工作中为社会做贡献才能实现自己的职业价值。事业首先是具有社会性的，人们在选择职业时，必须看到自己对社会的责任，并主动承担这种责任。当然，并不是说要忽略择业中的个人因素，只去尽社会责任，这样不但不利于个人，同时也是社会的损失。比如，让一位富于科学创造力、不善言辞的学者去从事普通的教师工作，可能会使国家损失一项重大的发明，而社会不过多了一个也许并不出色的老师。因此，反对只为个人考虑的职业价值观，即处处以自我为中心，只顾及自我感受、自我发展、自我实现，毫不考虑国家和社会的需要。事实上，这样做个人也不会得到很好的发展。

在择业时，要首先考虑社会需要，必须负起对社会的责任，以此为前提，综合个人的因素，进行职业选择。

（二）适时调整职业价值取向

毕业生在择业时要综合考虑自身条件和社会需要，超出内在、外在客观条件、不切实际的要求是不可能实现的。这就需要对职业价值取向进行调整。

1. 立足自身实际，脚踏实地，切忌好高骛远　立足自身实际，提高自己的专业知识和专业技能，努力提高自身职业素养，实事求是地做人，脚踏实地地做事。切忌好高骛远，"这山望着那山高"。

2. 看中发展，切忌急功近利　对于工作的优劣要辩证地看，不能以一时的优劣来判断工作的好坏，要用发展的眼光来看待工作。同时在工作中不能只看报酬，还要注重个人的成长与发展。

3. 端正职业动机，树立正确的职业价值取向　要在职业中有所成就，就必须要有过硬的专业技术本领、高尚的职业道德情操、高水平的职业素养和吃苦耐劳、敢于奋斗的精神。

目标检测

一、选择题

1. 下列说法不属于正确的自我认知的是（　　　）。

　　A. 既看到自身的优点和长处，也要看到自己的缺点和不足

　　B. 自我评价就要高一点，这样才不会比别人差

　　C. 自我评价要以客观事实为依据，实事求是地评价自我

　　D. 不但要正确评价"现在的我"，还要认识自己的潜力

2. 下列关于自我认知的方法观点错误的是（　　　）。

　　A. 学会在日常活动中认识自己　　　B. 常常与自己内心对话，反思自己

　　C. 在成长的过程中认识、完善自己　　D. 以别人对自己的评价为标准认识自己

3. 小玲性格活泼开朗，喜欢与人交往，善于表达自己，就读中职选择专业时，听了父母的话，选择了护理专业。一向胆小的小玲，见了血就晕，不敢扎针、不敢看病人的伤口。学了一年的护理，感觉很痛苦。小玲出现困扰的原因在于（　　　）。

　　A. 探索不清自己的职业价值观　　　B. 没有发挥自己的潜力

　　C. 性格与职业不匹配　　　　　　　D. 没有改变自己的性格

4. 下列关于职业性格类型，说法错误的是（　　　）。

　　A. 外向型性格的人适合从事社交性、活动性的职业

　　B. 不同的职业对人有着不同的性格要求，要适应这一职业，就必须具备或培养这一职业所需的性格特征

　　C. 职业活动中，个体不需要改变自己的性格

　　D. 性格和职业是相互对应和相互作用的

5. 关于兴趣对职业发展的影响，下列说法错误的是（　　　）。

　　A. 兴趣是职业生涯选择的重要依据

　　B. 兴趣可以提高工作效率，充分发挥才能

　　C. 兴趣是职业稳定、职场成功的重要因素

　　D. 兴趣不能促进职业的发展

6. 张强一直喜欢中医，喜欢研究中医药，就读职校时他选择了一所中医药学校学

习中药，在校期间系统地学习了中医药知识，使他大有所获，每年都凭借优秀的专业成绩获得奖学金，刚毕业就被一家知名药企录用。对于张强的经历，下列看法不正确的是（　　）。

A. 是职业兴趣成就了张强   B. 兴趣是最好的老师

C. 兴趣可以调动人的积极性   D. 张强的学习能力强

7. 一个自我管理能力强的人更适合（　　）的工作。

A. 独立性   B. 多样性   C. 随意性   D. 服从性

8. 下列关于职业资格证书的认识，错误的是（　　）。

A. 国家职业资格证书制度是劳动就业制度的一项重要内容，也是一种特殊形式的国家考试制度

B. 国家职业资格证书是持有者具备某种职业所需要的专门知识和技能的证明，是持有者求职、任职、开业的资格凭证，是用人单位招聘、录用员工的主要依据

C. 职业资格证书就是学历证书

D. 推行国家职业资格证书制度，是落实党中央、国务院提出的"科教兴国战略方针"的重要举措

9. 从职业发展的角度来看，在职业选择中，最应当看重（　　）。

A. 内心的职业价值观与所选职业是否一致

B. 我的专业与所选职业是否匹配

C. 父母是否同意我的选择

D. 职业的经济收入是否可观

10. （　　）反映的不是职业价值观。

A. 你觉得什么样的职业最有意义   B. 你希望通过职业实现什么目标

C. 你希望职业能给你什么回报   D. 你觉得什么职业最能发挥你的潜能

二、思考题

1. 科学的职业生涯规划首先要有正确的自我探索，请你根据本章内容，说一说可以从哪些方面进行正确的自我探索？

2. 请你分别从性格、兴趣、能力、价值观几个方面分析自身的特点，根据对自己的探索，选择适合自己的职业群。

书网融合……

微课   划重点   自测题

PPT

第三章 职业环境探索与分析

学习目标

知识目标

1. **掌握** 职业环境的基本概念。
2. **了解** 职业的分类。
3. **掌握** 应对严峻就业形势的举措。

能力目标

1. 学会辩证看待就业形势，发现就业机会。
2. 掌握职业探索、岗位探索的方法。

　　职业环境分析，即是对职业环境进行细致、科学、系统的分析，旨在掌握职业环境对自身职业发展的要求、影响及作用，以达到对各种影响因素加以衡量、评估并做出正确决策的目的。科学地进行自我职业环境分析是职业成熟度高的体现，也是理性、客观地进行自我职业生涯规划的重要方法。培养职业环境分析能力能让毕业生快速摆脱求职迷茫、端正自身定位、快速适应岗位要求。

第一节　认清时代特点及当今就业形势　　e微课

实例分析

　　实例　2021 年应届毕业生小李还有两个月即将离开校园。考虑到今年毕业生人数创历史新高，又受到新冠肺炎疫情的影响，他对求职也十分迷茫。在关注国内外抗击疫情新闻时，他仔细思考了一番："抗击疫情时，最短缺的一定是医疗物资。"经过细心求证与信息收集，他发现我国企业在保障国内需求的同时，也在向国外提供有创呼吸机，数量已达到了今年以来提供国内总量的一半。国内有创呼吸机生产企业共有21 家，其中 8 家的主要产品取得了欧盟强制性 CE 认证，约占全球产能 1/5。目前签订单量约 2 万台，同时，每天还有大量的国际意向订单在洽谈。这对于他来说是求职的大好机会。于是，他利用一切空闲时间学习呼吸机相关的产品知识和医疗器械进出口知识，积累了足够的相关知识储备后，小李向发布职位信息的呼吸机生产企业投递了个人简历并表达了求职意愿。不久，他就得到了心仪的公司发来的录用通知。

　　问题　1. 社会大环境中有哪些因素影响毕业生的求职就业？

　　　　　　2. 小李为何能如此顺利地获得企业的录用？

一、社会经济发展水平对就业的影响

（一）经济增长与就业之间的关系

经济增长属于宏观经济调控的范畴，通常是指在一个较长的时间跨度上，一个国家人均产出水平的持续增加，对一个国家阶段性发展状况的评估标准和标志。国内生产总值（GDP）是评价经济增长的一个重要指标。经济增长与就业状况总是相互影响、密不可分的。一方面就业问题事关人民生活和经济社会稳定。实现充分就业，是实现经济持续快速增长的条件，是构建和谐社会的必然要求；另一方面国家的经济增长不可避免地影响就业水平。经济增长主要在两个方面影响就业结构：一是影响劳动力的流动性；二是经济结构决定产业结构进而决定就业结构。可见经济增长与就业联系紧密，在宏观方向上基本保持一致。

（二）当下经济形势对就业的影响

2020年8月国务院发展研究中心宏观经济研究部研究员张立群表示：中国经济承受着多重压力，形势空前严峻复杂。首先，是自2010年以来中国经济出现一个增速的长期下降。其次，面对疫情，中国表现出来的高效应对能力给中国带来了一个新的重要机遇，危机开启中国经济发展新篇章。因此，当下经济形势是危机与机遇并存，随之对就业也带来了新的压力和机会。

2020年新冠肺炎疫情对就业是一个非常强的外力冲击，与过去谈到的自然失业、结构性失业、周期性失业冲击不同。这次的冲击性失业转变成结构性失业，与国家的经济结构转型重叠在一起，会使得经济结构有大调整。未来经济形势可以从两个方面观察：第一，我国正在行进的一大趋势即城乡融合发展，必然会影响就业趋势。乡村劳动力流入城市，许多毕业生开始投身农村，将新知识、新技术、新媒体带入农业。第二，第四次产业革命带来新变化。这次产业革命中，AI、大数据、互联网、5G技术的应用对就业形态带来新的冲击，这种背景下促使传统行业转型，对劳动力素质要求更加综合化。疫情冲击是一种外在力量，经济转型是内在革新，内外力量迫使人们必须跟上时代，从学校教育产生变化，这就需要从职业技能教育等各方面培养劳动者的综合素质，以便适应经济变化带来的就业需求变化。

二、社会科技发展水平对就业的影响

21世纪以来我国大学毕业生每年增长24.25万人，再加上往届生的冲击，就业形势严峻。如今就业择业的选择机会越来越多，过去传统就业观念中的"铁饭碗"不复存在，大中专毕业生要摆脱传统观念，不断提升自己的能力，结合社会需求，多增加工作经验，迎接多元化就业趋势，树立"先就业再择业"的就业观念。

社会环境日新月异，科技不断发展，对人们生活各个方面都产生了巨大影响，包括就业。虽然就业压力大，但是科技发展孕育了新的机遇和挑战。这里主要讨论以下几个新趋势。

（一）新媒体环境下大中专毕业生面临的机遇和挑战

传统媒体以报刊、电视、广播等为主导，传统媒体之外的新型媒体形式都可以称为新媒体。新媒体有开放性、交互性、即时性的特点。新媒体在网络的助力下极大提高了信息的丰富性和多样性，乐于接受新鲜事物的学生群体成为新媒体用户中尤为庞大的一类。有效利用新媒体优势，可以缓解就业压力，给大中专毕业生就业带来积极作用。那么如何更有效发挥新媒体优势，已经成为就业者和教育者的热门话题。

1. 新媒体环境带给大中专毕业生的就业机遇 就业信息偏差直接影响毕业生的就业质量。企业、学校、学生三者之间的就业信息不对等，降低了就业成功率，新媒体的出现为三者搭建了一条高速大桥，更为高效地传递就业信息，同时也促进企业和学生之间更加了解彼此，有利于毕业生就业准备、提高职业素养等，大大提高毕业生就业成功率。新媒体环境为就业市场带来更丰富复杂的资源，并让就业市场变得可视化，为毕业生创造了更多的就业途径和就业机会。

2. 新媒体环境带给大中专毕业生的就业挑战 新媒体带来机遇的同时，也带来挑战，需要同学们有辨别和筛选信息的能力，利用新媒体优势，避免新媒体带来的危险，提前做好就业准备。

（1）就业信息"真假难辨" 新媒体时代，信息量激增，大中专毕业生能在第一时间接触到海量信息，但是一些就业网站发布招聘信息前并没有对企业进行严格审核，常有传销混入其中，毕业生常常因缺乏经验，难以辨别，容易上当受骗。

（2）就业观念虚拟化 新媒体十分便捷，但易造成两个现象：一是虚拟和现实的混淆，新媒体围绕在大中专学生身边构建的虚拟空间占据了他们生活的极大部分。学生频繁接触新媒体，渐渐模糊了虚拟和现实之间的界限，对现实的感知越来越弱。很多自控力差的学生把虚拟当作现实，在面临就业时，仍然在虚拟世界寻求满足，逃避面对实际生活的现实压力，虚度时光，不知道自己的理想是什么；另一个现象是"沉默螺旋"，即少数人在意见与多数人不一致时不会大胆发表，而会选择沉默，或附和多数人的意见。大中专学生群体意志比较薄弱，容易动摇，如果在缺乏强大信念的前提下，很容易失去主见，有从众现象，随波逐流。比如在选择就业城市时，容易受新媒体信息的影响，不考虑自身能力，一味选择前往一线城市，而忽略未来发展定位、生活资源购买力等现实因素。有时更为严重的是，大中专毕业生的价值观还没完全树立，很容易被一些主流但并不正确的价值观取向带偏，甚至扭曲价值观。

（3）企业用人标准更复杂化 新媒体不仅影响毕业生，同时也影响企业。企业在人员招聘时也有新的要求，如要求工作人员需要熟练使用办公软件，需要了解新媒体运营等。在这样的趋势下，毕业生需要提前准备，有针对性地提高自己的就业能力和职业素养，在企业多元化的高标准下也能从容应对，提高就业成功率。

你知道吗

新媒体

媒体是传播和交流信息的载体，新媒体是相对于传统媒体出现的一种新兴信息传播交流的方式。新媒体的本质，依然是媒体，是图片、广播、视频和文字。传统媒体比如报纸、电视、电台，生产者主要为专业人员，普通群众的角色为消费者。比如一则电视广告，即使内容乏味，受众只能被动接受，因此，传统媒体注重的是渠道，而新媒体注重的是内容。同样是推送广告，新媒体不会直接在公众号的头条投放广告，而是将广告配备软文传达，消费者可以选择点赞、转发或不接收类似消息。可见，新媒体时代，人人可以发出自己的声音，也可以对内容有投票权。理解新媒体的三个角度如下。①时间：离现在生活更近，称为比较"新"的媒体。比如网络相对于电视是新媒体，电视相对于报纸是新媒体。②技术：新媒体所花费资金更低，传播更广，应用更普遍。③社会：对社会有革新作用。通俗理解即"去中心化"，每个人都可以利用媒体发声，是生产者也是传播者。

（二）智能革命带来的影响和机遇

人工智能是最具颠覆性和变革性的技术，它正引领未来并且在不断渗入社会生产及生活的各方面。人工智能将对一个国家的政治、经济、社会、文化等带来深远而深刻的影响。

1. 智能革命的概念　还没有系统化，但学界的研究一直未停止。李彦宏认为，智能革命是人和机器一起学习和创新世界，彻底改变人类经济、政治、社会、生活的形态。综合学界观点，可将智能革命概括为：即综合运用大数据、人工智能、物联网、机器人等智能科技成果，通过人和机器的共同学习与创新，从而推动社会生产力、生产关系变革的科技革命，它将引发社会及人的思想产生深刻变化，使社会达到新的发展水平，使人类走向新的文明。

2. 智能革命对劳动力、就业的影响　科技进步，改造了劳动工具，实现劳动效率的第一次提升。劳动工具进而帮助劳动者，提升劳动力质量，实现劳动效率的第二次提升，一步一步渐进式地推动生产力不断向前发展。每一次技术革新，都会改变传统的生产方式，影响劳动力结构。过去的三次科技革命，总体上是机器逐渐取代人的过程，机器逐步替代体力劳动向替代脑力劳动发展。每一次科技革命都影响劳动力的变化，如在空间结构上，劳动力趋向向城市转移。产业结构上，劳动力呈现由第一产业向第二、第三产业转移。同时，低技能劳动力的需求在逐渐减少，知识技能倾向性增强，整体劳动力技能和质量在不断优化。新技术广泛应用，使工作岗位朝着高技术、高创新性、多技能的方向发展。各个岗位不再仅仅需要规则性简单操作，转为需要灵活解决问题的非规则性方向。因此劳动者必须不断更新知识和技能，提高知识水平、创新能力以满足岗位需要。发达的人工智能将逐步淘汰低端岗位，高端技能将取代低端技能岗位，大量没有跟上时代步伐的劳动力将很难再就业。

随着智能革命时代的到来，机器智能化和物联化速度加快，进一步加大机器替代体力劳动和脑力劳动的速度、广度和深度。根据世界经济论坛发布的《2018 未来就业》报告，自动化技术和智能科技的发展将取代 7500 万份工作。依据报告调研的企业结果显示，目前机器可以完成的任务占到当前工作的 29%，但到 2022 年，预计机器可以完成的任务将多达 42%。但该报告指出，随着公司重新规划机器与人类的分工，另有 1.33 亿份新工作将应运而生，也就是说到 2022 年净增的新工作岗位多达 5800 万份。

智能革命具有双面效应。虽然科技进步的过程，是机器替代人的过程，但是人类始终处于智力优越地位。生产机器、人工智能的目的是辅助人类，因此机器并不能完全替代人类所有的劳动。虽说机器替代人类部分的体力劳动和脑力劳动，给劳动者带来就业压力，可实际上得益于机器的辅助，人类生活和劳动环境得到改善，人类的四肢和大脑得到解放，能够激发更多的创新欲望，劳动力的需求并没有下降，反而得到增长。因此，未来稳定的全职工作越来越少，随着机器与人类之间的劳动分工不断发展，员工也将需要不断学习新技能，劳动者需要更具创造力、开发能力，而不是只会机械工作，重复劳动。

你知道吗

2020 年突如其来的疫情蔓延全世界。中职学校学生的优势之一就是拥有顶岗实习的机会来增加实践经验，但受疫情所迫，难免对需要大量实践经验的职业院校毕业生就业产生影响。疫情让很多线下门店、企业倒闭，与以往相比，缺少了许多岗位需求，让毕业生面临巨大的压力。很多企业招聘面试方式因疫情原因由线下面试改为线上面试，增加了就业难度。

但从另一方面来看，此次疫情中，有些行业不但没有受到冲击反而扩大了发展空间，比如互联网行业、在线消费、教育培训、医疗健康、无人经济等领域，企业用工需求不降反升。

三、就业应对策略

针对科技发展以及疫情影响造就的就业现状，未来大中专毕业生可从以下几方面加强自己的就业能力。

（一）多渠道搜集信息，拓宽就业面

信息是就业的情报，信息对称能增加就业机会，毕业生可以通过多种渠道搜集就业信息，如各种网络招聘平台、学校就业网站、教育部网站或者利用学长师长等人脉搜集招聘信息等。积极主动向企业推荐自己，与同学多做交流，同时多关注国家就业创业政策，学会利用国家和社会提供的便利条件，主动结合自己的职业发展规划，找到适合自己的岗位。

（二）开阔眼界，找到职业发展方向

结合百年难遇的疫情带来的行业变化启示，毕业生应该更准确地进行自我定位，多了解所学专业的行业发展趋势，开阔眼界，关注行业发展信息，对行业、职业的发展前景进行分析判断，结合自身的兴趣、爱好和优劣势，充分考虑新的发展机遇，重新审视并综合考虑自身职业生涯规划。另外，毕业生不仅可以到新兴产业中寻求机会，也可以到基层施展才华和抱负，大中专毕业生可以走向基层，实现自己的社会价值，切忌随波逐流，从众的应聘现象。

（三）树立信心，调整心理状态

毕业生应积极应对新形势，调整心态，学会自我疏导压力，找到自己的职业定位，发扬脚踏实地、艰苦奋斗的精神，朝着目标前进。我国经济在转变发展方向、优化经济结构，加上疫情冲击，面临较大压力，但经济稳中求进的基本趋势没有变。因此，毕业生要辩证地看待问题，既能清楚认识到就业压力的加剧，又能看到新形势下的机遇。譬如疫情冲击了一批企业，但也衍生出一些新业态，并促使传统行业自我革新、

请你想一想

面对就业压力，可以通过什么方法来解压？

调整、升级，如很多传统行业纷纷利用新媒体进行线上销售，通过线上平台直播带货等。毕业生应多深入了解新业态，有针对性结合自身条件，树立就业信心，抓住新机遇。

（四）切实采取行动，充分做好求职准备

行动是应对就业压力最好的办法，在复杂严峻的就业形势下，面对挑战，少不了学生的主体能动性，积极主动切实做好准备工作，包括简历、笔试、佐证材料、网上面试等方面的准备。譬如疫情影响下，许多企业采用网上面试的方式，很多毕业生没有提前准备，容易影响面试结果。对此，毕业生要做两手准备，线下面试、线上面试两手抓。网络面试，除了自身方面的准备，还应提前选择安静的环境、测试设备等。当然，毕业生最基本的是需提高自身的就业技能，比如面试时的语言表达、肢体表达，平时注重扎实基础知识，积累实践经验，有意识地训练工作技能等。

第二节　职业探索

实例分析

实例　世界歌坛巨星帕瓦罗蒂从师范学院毕业后，对音乐依旧很痴迷，于是他问父亲："我是当老师呢？还是做个歌唱家呢？"他父亲回答说："如果你想坐在两把椅子中，你可能会从椅子中间掉下去，生活要求你只能选一把椅子坐上去。"在生活中，我们会面临许多选择，鱼与熊掌不可兼得，犹豫不决或贪心都容易一无所获，因此，充分探索每把椅子基本情况，正如探索每个行业工作内容，最终"选一把椅子坐上去"，深入学习，才能有一技之长。

问题　当你面对两种职业选择时，你会如何做抉择呢？

一、职业分类

学校与校外的社会相比差别很大，为了能更快地融入工作岗位，必须了解真实的职业环境，对职业有一个基本认识，才能更好地规划职业生涯。

（一）我国职业分类

隔行如隔山，每个职业有不同的工作内容，了解职业分类有助于毕业生做好职业生涯规划。职业分类是指以工作性质的同一性为基本原则，对社会职业进行的系统划分与归类。根据国际职业分类的通行做法，职业分类一般划分为大类、中类、小类和细类四个层次。依据我国 2015 年新版《中华人民共和国职业分类大典》，职业分类结构为 8 个大类，75 个中类、434 个小类、1481 个职业。8 个大类介绍如下。①第一大类：包括党的机关、国家机关、群众团体和社会组织、企事业单位负责人，其中包括 6 个中类。②第二大类：专业技术人员，其中包括 11 个中类。③第三大类：办事人员和有关人员，其中包括 3 个中类。④第四大类：社会生产服务和生活服务人员，其中包括 15 个中类。⑤第五大类：农、林、牧、渔业生产及辅助人员，其中包括 6 个中类。⑥第六大类：生产制造及有关人员，其中包括 32 个中类。⑦第七大类：军人，其中包括 1 个中类。⑧第八大类：不便分类的其他从业人员，其中包括 1 个中类。

> **请你想一想**
>
> 依据 8 大职业分类及所学的专业，选择其中一类举例说明你了解的某一职业，并介绍工作内容。

（二）霍兰德的职业分类（工作世界地图）

20 世纪末，美国大学考试中心（ACT）结合各种职业兴趣的研究成果，在兴趣的两维基础上，将职业群体的具体位置标定在坐标图上，从而得到工作世界地图，该图用于评估个人的工作兴趣，让评估者更清晰地知道自己适合的职业（图 3 - 1）。

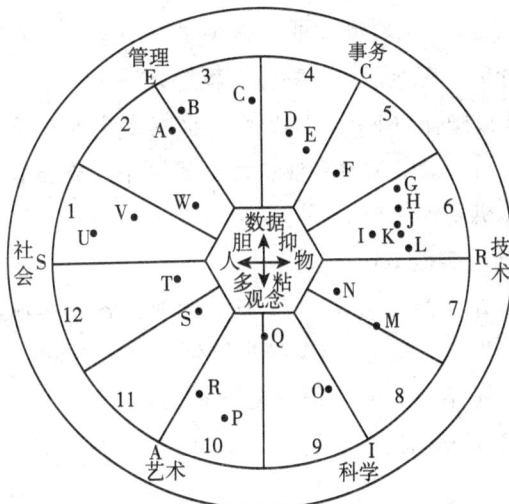

图 3 - 1 ACT 23 种职业群分布示意

　　该图是在霍兰德的职业环境分类基础上发展而来。工作世界地图将霍兰德的六边形及两个维度——人和物纬度、数据与观念纬度组合在一起，将职业的类型和职业的性质有机地结合起来。经过进一步分析，可以通过气质测评和霍兰德职业兴趣测评，直观地判断适合的职业类型。

　　工作世界地图将23种职业领域（相似的工作群）分为12个区。受试者通过测试判断自己的兴趣类型和气质类型，依据这个图就能较准确地找到自己的职业兴趣在图中哪个位置，再通过与不同职业群的远近位置的比较可以进一步扩展职业兴趣的搜寻范围。以下是职业类别举例。

　　1. 交际工作类别（管理型 E）

　　（1）市场与销售（A）　①典型职业：采购、销售（房地产、保险、股票经纪人等）、工业和农业产品销售和代售、办公及医疗用品销售等。②适合专业：一线销售类专业，另有市场营销、贸易经济、工商管理等，以及与具体销售对象相关的专业，如金融学、药学、房地产经营管理、汽车技术服务与营销等。

　　（2）管理与规划（B）　①典型职业：营销经理、办公室主任、代理商、企业经理、营销策划、行政主管等。②适合专业：市场营销、行政管理、工商管理、人力资源管理、商务策划管理、特许经营管理等大部分管理类专业。

　　2. 事务工作类别（事务型 C）

　　（1）记录与沟通（C）　①典型职业：办公室、银行、邮局等职员，接待员、图书馆计算机编目员、秘书、法院书记员、档案管理员等。②适合专业：金融学、保险、税务、文秘（专），司法助理（专）、书记官（专）、图书馆学、档案学、信息资源管理等。

　　（2）金融交易（D）　①典型职业：记账员、会计、出纳、收银员、保险交割员、经济分析师等。②适合专业：会计、财务管理、金融学、经济学、审计学、国际经济与贸易等。

　　（3）仓储与货运（E）　①典型职业：报关员、快递员、货物代理、物流管理等。②适合的专业：物流管理、交通运输、物流工程等。

　　（4）商业机器/电脑操作（F）　①典型职业：计算机操作员、打字员、录入员、统计员、办公设备操作员等。②适合专业：计算机网络与安全管理、计算机信息管理、计算机网络技术、计算机多媒体技术等。

　　3. 技术工作类别（现实型 R）

　　（1）交通工具的操作与修理（G）　①典型职业：各类运输设备驾驶员、飞行员、飞机维修技师、汽车修理工、船长等。②适合专业：交通行业专业，包括车辆工程、飞行技术、航海技术、海洋与船舶工程、飞行器动力工程、飞行器制造工程等。高职高专类有汽车运用技术、汽车制造与装配技术、汽车检测与维修技术、汽车电子技术、汽车运用与维修等。

　　（2）建筑与维护（H）　①典型职业：各类建筑行业的职业，如建筑师、铺路工、起重工、建筑监理等。②适合专业：各类建筑业专业，以中高职的应用型专业为主。

（3）农业与自然资源（I）　①典型职业：各类农林牧渔职业，如宠物店店员、园林工等。②适合专业：各类农林牧渔业专业，以中高职的应用型专业为主。

（4）手艺与相关服务（J）　①典型职业：厨师、面包师、裁缝、屠夫、鞋匠、调音师、珠宝加工师等。②适合专业：提供个性化服务的技术性专业，如乐器修造技术、服装工艺技术、服装养护技术、烹饪工艺与营养、西餐工艺、珠宝首饰工艺及鉴定、钢琴调律等。

（5）家庭/商业电器修理（K）　①典型职业：家用电器维修人员、复印机和办公设备维修人员、电脑维修人员等。②适合专业：计算机科学与技术、计算机软件、通信工程等，更多的是高职高专类的电器电子产品维修类专业，如应用电子技术、音响工程、通信技术、计算机硬件与外设、计算机系统维护等。

（6）工业设备操作与修理（L）　①典型职业：各类机械工、纺织工、印刷工、矿工、消防员、各类机械维修人员等。②适合专业：以机械电子设备操作与维修有关的各类专业，如数控技术、数控设备应用与维护、焊接技术与自动化、机电设备维修与管理、冶金设备应用与维护、新型纺织机电技术、食品机械与管理、印刷设备及工艺等。

4. 科学工作类别（研究型 I）

（1）工程及其他应用科技（M）　①典型职业：各类工程技术人员、生物化学实验室技术人员、程序设计人员、食品技术人员、科技展示人员、制图员等。②适合专业：各类工程技术类专业。

（2）医疗专业与科技（N）　①典型职业：牙医、牙医助理、药剂师、各类医疗设备操作人员、验光师、义肢技术人员、兽医等。②适合专业：各类医疗类专业。

（3）自然科学与数学（O）　①典型职业：各类自然科学的各类学家。②适合专业：各类自然科学和数学类专业。

（4）社会科学（P）　①典型职业：人类学家、经济学家、社会学家、心理学家、政治家等各类社会学家。②适合专业：各类哲学和人文社会科学类专业。

5. 艺术工作类别（艺术型 A）

（1）应用艺术之视觉类（Q）　①典型职业：花艺设计、室内设计、摄影师、装饰设计、橱窗设计、流行设计、景观设计、建筑设计等。②适合专业：各类视觉设计类专业，如艺术设计、戏剧影视、美术设计、摄影、园林、室内设计技术（专）、环境艺术设计（专）等。

（2）创作/表演艺术（R）　①典型职业：演员、歌唱家、作曲家、作家、文学家、艺术与音乐教师等。②适合专业：汉语言文学、作曲与作曲技术理论、音乐表演、舞蹈编导、表演、导演、戏剧影视文学、广播电视编导、播音与主持艺术等。

（3）应用艺术之写作与演讲（S）　①典型职业：广告文案、法律助理、记者、翻译、公共关系人员、律师、科技作家、广告企划等。②适合专业：汉语言文学、广告学、汉语言、新闻学、出版编辑学、传播学。

6. 社会工作类别（社会型 S）

（1）一般健康护理（T）　①典型职业：护士、理疗师、心理咨询人员、营养师、语言矫正人员等。②适合专业：心理学、应用心理学、营养学、妇幼保健医学、康复治疗学、护理学、假肢矫形工程等。

（2）教育与相关服务（U）　①典型职业：各类教师、教练员、职业指导师、特殊教育教师等。②适合专业：各类教育专业、体育运动类专业等。

（3）社会与政府服务（V）　①典型职业：各类警察、各类公务人员、社会服务人员等。②适合专业：社会学、社会工作、行政管理、公共事业管理、劳动与社会保障、土地资源管理、公共政策学、城市管理、公共安全管理等，以及公安警察类各专业。

（4）个人/消费者服务机构（W）　①典型职业：服务员、空姐、美容师、美发师、管家、保姆等。②适合专业：以高职高专为主的各类服务类专业，如空乘服务、导游、酒店管理、旅游服务与管理、家政服务、老年服务与管理等。

二、行业探索

行业是指从事国民经济中同性质的生产或其他经济社会的经营单位或者个体的组织结构体系，如食品药品行业、卫生行业等。行业探索，就是通过理论分析和实际调研的方式对一个行业进行全方位的解读。行业是社会分工的大类，通过了解行业能让个人很好地了解职业世界。

1. 了解行业对生活和社会的作用及发展前景、趋势　每个行业在社会中都有特定的功能，了解行业对生活和社会的影响之后，就可以在一定程度上了解它的发展前景和趋势，从而可以在选择行业和确定发展方向时有长线的准备。

2. 把握行业的细分领域　行业是大类，在行业内部还有不同分类。了解不同的行业分类有利于全方位了解行业。分类的标准决定了具体的分类，可以选择政府、协会的分类标准，以此可以很好地掌握理清行业的发展脉络，也是个人了解行业发展空间的重要依据。

3. 了解行业发展的历史　行业在社会变迁中的发展沿革情况，也会预示着这个行业的发展前景和走向。了解行业发展的历史，可以让自己更加明确这个行业产生的原因、了解社会发展各个阶段对行业的要求。

4. 探索国内外行业标杆公司　标杆公司是此领域、此行业的代表。可以通过对比国内外不同标杆公司的差距，了解行业核心竞争力，当然也要对每个行业标杆公司进行不同程度的企业探索，从而让自己的行业探索更加细化。

5. 了解行业的人力资源需求状况及趋势　了解行业的人力资源需求状况能帮助自己了解这个行业需要什么样的人才，以此尽快做出自己的职业选择，也为个人的职业定位做出可能的探索。还要对行业的未来需求做出整理和分析，便于自己站在未来的角度做选择。

6. 具备行业需要的通用素质和从业资格　每个行业都有一定的入行要求，表现为通用素质和从业证书。通用素质的适合是这个行业长期发展所决定的，具备通用素质就比较容易入门和寻求发展。

三、企业探索

企业，一般是指根据社会需要来组织和安排某种商品生产、流通或者服务等活动，进行自主经营、自负盈亏、承担风险、实行独立核算、具有法人资格的基本经济单位。还未步入社会的学生对企业充满好奇，想要了解企业却不知从何下手。一般来说，企业探索可以从以下几方面入手。

1. 探索企业基本情况　首先，人们在做自我介绍时第一条需要介绍自己的基本情况，了解一个企业也是一样，可以从企业的基本信息着手，如成立时间、创始人、奖励荣誉、企业规模、主营业务等。其次，了解企业的职能部门。一般情况企业职能部门相对稳定，探索企业时可以梳理一下职能部门，了解其组织结构，了解自己可能就职的岗位。最后，还需要了解企业规划，企业的发展愿景。

2. 探索企业文化　每个企业或企业领导人风格不一，一个企业是否有凝聚力，是否能更加长远的发展，企业文化十分重要，它能引导员工，吸引他们为企业未来而奋斗。企业文化展现出企业不同的"性格特征"，如同每个人个性不同，与他人共同工作时需要考虑是否能够融洽相处，是否能与自己的职业理想相契合。实际上，员工与企业之间也需要考虑双方是否合适。因此，在探索企业时有必要了解企业文化，帮助毕业生在未来工作中从思想上与企业同发展。

3. 探索企业人力需求　企业对人才有什么需求，招聘什么岗位，是毕业生最关注的，那么在探索一个企业时有必要提前了解人才需要，以便做针对性的准备。

4. 调研企业员工　企业的基本情况均可从网络上获取，但企业的内部文化氛围，实际工作环境和工作状况，只有企业内部工作人员最为熟知，因此，企业职员调研是探索企业的重要途径。毕业生应积极主动接触目标公司员工，提前约谈，从而能够获取更多的有利信息。

你知道吗

生涯人物访谈

为了获得更多的岗位信息，了解岗位实际工作情况，获取相关领域的信息，生涯人物访谈是一个高效的途径。生涯人物访谈是通过与职场人员会谈，来获取关于一个行业、职业内部信息的职业探索活动。通常选择的访谈对象，应是学生感兴趣、有意向从事的行业从业者。通过访谈能够快速帮助学生了解一个岗位，进而判断是否真的对这份工作感兴趣。

四、岗位探索

通常看到的招聘信息其实就是一个岗位，岗位是公司运作的职能部门下的一个具体位置，是最基础的元素。公司招聘人才需要一个能胜任岗位工作的人，也就是找工作的含义。求职时，对某一个岗位产生兴趣，就需要对该岗位进行探索。岗位调研能够帮助毕业生有针对性地做求职准备，在应聘时更有把握。一般来说，岗位探索可以从以下几方面入手。

1. 了解岗位基本信息　了解一个岗位，首先需要知道这个岗位是什么，学者、专家、权威部门对岗位都有各自不同的理解和定义，毕业生可多方面了解，形成自己的观念即可；其次，需要了解岗位是做什么的，即岗位的工作内容，其中最核心的工作是什么，这些工作自己是否喜欢，是否适合自己；最后，还需要探索自己的岗位胜任力，即这个岗位需要具备什么素质，如知识技能、职业能力、职业道德等。了解岗位的需求后对照自己的能力，评估自己是否能够胜任该岗位，再取长补短，提高胜任力。探索岗位基本信息可以通过网络途径了解，也可以对目标岗位的工作人员进行调研，了解他们一天的工作内容，再自行整理判定。

2. 了解岗位晋升空间　一般来说，岗位有一个相对固定的晋升道路，了解所在岗位的晋升空间，做好职业规划，知道达到什么标准可以升职，能够帮助毕业生设定目标，激发个人热情和信心。

3. 分析个人的差距　了解岗位之后，需要综合分析自己与岗位之间的差距。量化差距，做出针对性的行动，知道岗位需求，审视自身优劣，实时反思和总结。

目标检测

一、选择题

1. 下列不属于职业分类层次的是（　　　）。

　　A. 大类　　　　　　　B. 中类　　　　　　　C. 细类　　　　　　　D. 次类

2. 搜集企业信息，下列方法不正确的是（　　　）。

　　A. 学校就业网站　　　　　　　　B. 教育部网站

　　C. 网页弹送的企业广告　　　　　D. 网络招聘平台

3. 就业形势严峻，以下行为不利于就业的是（　　　）。

　　A. 采取行动，搜集信息　　　　　B. 提高职业素质

　　C. 增加实践经验　　　　　　　　D. 沉迷网络，只阅读各种帖子

4. 求职过程中心理压力较大时，下列做法不正确的是（　　　）。

　　A. 运动　　　　　B. 沉迷打游戏　　　C. 听音乐　　　　　D. 与朋友交谈

5. （　　　）不是企业探索需要了解的信息。

　　A. 企业基本信息　　B. 企业人才需求　　C. 企业的规划　　D. 企业注册资金

6. 我国把职业分为 （   ） 大类。

    A. 10   B. 12   C. 8   D. 4

7. 工作世界地图分为 （   ） 大类。

    A. 4   B. 6   C. 8   D. 5

8. 工作世界地图是依据 （   ） 的研究成果来进行分组的。

    A. 舒曼   B. 霍兰德   C. 舒伯   D. 荣格

9. 工作世界地图分类的依据是人和物纬度及 （   ）。

    A. 观念和物纬度   B. 数据与观念纬度

    C. 数据与物的维度   D. 人和数据的维度

10. （   ） 不是企业用人标准的趋势。

    A. 复杂化   B. 多元化   C. 单一化   D. 灵活化

二、思考题

1. 通过本章学习，请总结可以从哪几个方面进行岗位探索？

2. 如何应对现代社会对人才的职业要求？

书网融合……

    ℯ 微课   📄 划重点   📋 自测题

▶▶ 第四章　职业生涯决策与规划

PPT

学习目标

知识目标

1. **掌握**　职业生涯决策的方法与步骤。
2. **熟悉**　职业生涯决策相关知识及职业生涯目标设定的原则。
3. **了解**　职业生涯决策与规划的基本理论。

能力目标

1. 树立职业决策观念和意识，学会分析个人职业生涯决策影响因素及解决的方法。
2. 正确运用职业生涯决策的方法与技巧，撰写职业生涯规划书并付诸实施。

第一节　概述　　📱微课

✍实例分析

实例　芳芳和莲莲是职业学校的一对孪生姐妹，在深圳一家上市连锁药房实习，由于她们工作积极主动，深受门店主管及同事们的喜爱。实习结束时，当地药房极力挽留她们，希望她们继续留在深圳工作。与此同时，由于药房业务拓展迅速，家乡省城也以每年若干家的速度在开新店，非常需要有工作经验的从业者去驻店独当一面。是去是留，两姐妹各有想法：芳芳认为沿海机会多，同事相处和谐；莲莲认为回去发展空间大而且离家近。两人为此事一直犹豫不决。

问题　如果是你，会选择在遥远的他乡继续发展，还是回到家乡接受全新挑战？为什么？

职业生涯决策是个体职业发展过程中的重要环节，决策制定的可行与否，直接影响个体的职业生涯发展。错误的职业生涯决策会对职业生涯造成不利的影响，妨碍事业成功。作家毕淑敏在她的书中写道："一个选择，决定一条道路。一条道路，到达一方土地。一方土地，开始一种生活。一种生活，形成一个命运。"职业生涯的成功依赖正确的决策，正确的决策首先要明确自己的目标，其次要搜集必要的职业信息，中职生应学会关注分析信息，然后选择实现目标的路线。

一、职业生涯决策的内涵

职业生涯决策的概念是从经济学中发展而来的，有广义和狭义之分。广义的职业生涯决策是一个由提出问题、搜集资料、确定目标、拟订方案、分析评价、最后选定等一系列环节组成的完整过程，而且在方案选定之后，还要检查和监督它的执行情况，以便及时发现偏差并加以纠正；狭义的职业生涯决策仅指行动方案的最后选择，即通常所说的"拍板"。本书所采用的是广义上的职业决策概念。

职业生涯决策是一个复杂的认知过程，是个人根据各种条件，组织有关自我和职业环境信息，仔细考虑各种可供选择的职业前景，加以评估、选择、确定，并承诺付诸实践的过程，并非只是一种选择结果。

二、职业生涯决策的风格

职业生涯专家认为，决策风格是在后天的学习经验中逐渐形成的，可分为以下五种类型。

1. 理智型　以全面的探求及对选择的逻辑性评估为特征。理智型的决策者具备深思熟虑、分析、逻辑的特性。这类决策者会评估决策的长期效用并以事实为基础做出选择。理智型决策风格是比较受到推崇的决策方式。它强调综合全面地收集信息、理智地思考和冷静地分析判断，是其他决策风格的个体需要培养的一种良好的思考习惯。但理智型决策风格并不是理想完美的决策方式，也会出现因为害怕承担决策的后果而不能整合自己和他人重要观点的困扰。

2. 直觉型　以依赖直觉和感觉为特征，比较关注内心的感受。直觉型的决策风格以自我判断为导向，在信息有限时能够快速做出决策，当发现错误时能迅速改变决策。由于以个人直觉而不是理性分析为基础，这类决策发生错误的可能性较大，因此，易造成决策不确定性，容易丧失人们对直觉型决策者的信心。

3. 依赖型　以寻求他人的指导和建议为特征。依赖型的决策者往往不能够承担自己做决策的责任，允许他人参与决策并共同分享决策成果，会受到他人的影响，但也可能因为简单地模仿他人的行为导致负面的反应。依赖型的决策者需要理解生活中他人对自己的影响程度。

4. 回避型　以试图回避做出决策为特征。回避型的决策风格是一种拖延，不果断的方式。面对决策问题产生焦虑的决策者，往往因为害怕做出错误决策而出现这样的反应。他们往往由于不能够承担做决策的责任，而倾向于不考虑未来的方向，不去做准备，不知道自己的目标，也不思考，更不寻求帮助，这样的决策者容易被学校企业等支持平台忽略。所以这些学生需要意识到自身的决策风格及其可能造成的危害，努力调整，增强职业生涯规划的意识和动机，才能从根本上得到帮助。

5. 自发型　以渴望即刻、尽快完成决策为特征。自发型的个体往往不能够容忍决策的不确定性以及由此带来的焦虑情绪，是一种具有强烈即时性，并对快速做决策的过程有兴趣的决策风格。自发型决策者常会基于一时的冲动，在缺乏深思熟虑的情况下做出决策，此类决策者通常会给人果断或过于冲动的感觉。

三、职业生涯决策的影响因素

在职业生涯决策过程中，有许多因素影响人们的选择。总体来看，影响职业生涯决策的因素主要有以下几方面。

（一）受教育程度

一个人的受教育程度与其职业生涯决策关系密切，因为受教育程度会对劳动者的知识结构、职业能力和职业价值观等产生重要影响，而这些是职业选择和决策的决定性因素。

（二）家庭因素

在中国，个人的职业决策常受到家庭的深刻影响。一方面，子女必然会受到家庭职业传统的影响；另一方面，父母的价值观、态度、行为、人际关系等对子女的职业选择也有直接或间接的影响。

1. 家庭成长环境和家庭背景　往往对就业决策产生直接影响，父母是孩子最早观察模仿的角色，同时，教育方式的不同造成认识世界的方法各异，父母的价值观、处事态度、行为、人际关系等对子女的职业选择都会起到直接或间接的深刻影响，因此，常见艺术世家、教育世家、商贾世家等。

2. 家人的期望　家庭中，父母、亲人对学生的期望会存在差异。但是，当学生与家长的价值观不同时，在就业决策上就会发生冲突，或学生想极力摆脱父母意志时，两者就会产生矛盾。

3. 家庭经济状况　家庭对学生选择较好职业的支持态度是毋庸置疑的，但支持的强度也会有很大差别，主要原因是由家庭成员的社会地位、社会关系、经济条件等不同造成的。如家庭相对贫困，没有更多家庭资源可利用的学生在职业选择上可能就更偏向于经济收入。

（三）个性因素

个性因素是影响职业决策的关键因素，个性主要包括性格、气质、能力及能力倾向价值观、态度等。不同性格、气质、能力的人适合不同种类的工作。

1. 心理特质　个人对自我评估、职业评估的内容及结果直接影响职业决策，其中自我评估主要是针对个体心理特征的评估，包含兴趣、能力、价值观等，这对职业生涯决策具有定向作用。

2. 生理特质　每一个人的人生是独一无二的，性别、年龄、身高、体重、教育背景等因素也会对职业决策造成影响。

3. 生理状态　如果疲惫不堪或者紧张焦虑，或者无法集中精力就无法制定出适合自己的职业生涯决策。良好的生活管理技能或者状态的调整能力，是决策者做出良好决策的基础。

（四）环境因素

任何个人的职业选择和职业发展都无法摆脱政治经济形势、产业结构变动和社会环境中流行的工作价值观等因素带来的巨大影响。所选择行业的特点、现状、未来趋势、就业竞争状况等因素，对个人的职业决策具有重要影响。职校生在进行职业决策时要充分考虑这些因素。

此外，个体还应该对易给职业决策造成障碍的因素多加注意，例如，信息缺乏、信息失当、信息过多易造成职业决策困难；缺乏决策相关知识和经验易造成决策错误；焦虑恐慌、急于求成、随波逐流、虚荣攀比、幻想侥幸、畏缩怯懦、挑剔苛求、依赖他人等易造成决策失误或决策困难等。社会环境因素对于职业生涯决策的影响也是不容忽视的。当前我国市场经济条件下，各职业间仍然存在差别，社会岗位的需求与结构波动性较强，这就使得人们对于职业的认定存在误区。例如，职业有没有发展前途、稳不稳定、是否有利于自身发展等问题，都会影响到职业生涯的决策。此外，用人单位对职校生的技能要求、专业在社会中的具体地位等都会对其未来职业选择造成影响。

> **请你想一想**
> 你认为做生涯决策时最大的影响因素是什么？

四、职业生涯决策的注意事项

选择决定成败，一些天赋相差无几的人由于选择了不同的方向，人生迥然相异。职业生涯发展过程中面临许多需要决策的问题，在决策过程中应注意以下几方面。

1. 职业决策要结合自己的性格、特长、兴趣等进行选择　如果一个人性格内向，不善与人沟通，没有很好的交际意识，那么这个人就很难成为一名成功的管理人员。制定职业规划一定要认真分析自己的优缺点，即使无法达到人职匹配，但至少也不要相背。

2. 职业决策要结合实际，具有可执行性　职业生涯发展实质上是一种积累的过程，包含资历、经验、知识等的积累，所以职业生涯规划不能好高骛远，而要根据自己的实际情况和社会情况进行决策，一步一个脚印，逐步实现，最终成就梦想。

3. 职业决策必须具有可持续发展性　职业决策应该是可以贯穿整个职业发展生涯的远景展望。如果职业决策过于短浅，又没有后续职业决策点做支撑，则不利于长远发展。

4. 职业决策具有不确定性　生涯的魅力在于没有标准来衡量对错。做决定通常会伴随着焦虑，焦虑大部分来自于"不确定"和"难舍"。每一个不确定性都会引发下一个不确定性。每一个选项都有利、有弊。个体要通过综合判断来选择自己最有收获的那一项。

五、职业生涯规划的评估与反馈

在追寻职业理想的道路上，不能只顾埋头赶路，还要及时审视自我、环顾四周、遥望前路。因此，需要不时给自己的职业生涯规划"照个镜子洗个澡"，尊重自我内心需求，面对职场现实，权衡利弊，管理和调整好自己的职业生涯规划，这就是评估与反馈。

（一）职业生涯规划的评估

1. 职业生涯目标评估　职业生涯目标是职业生涯规划成功与否的关键因素。实际工作中，有人会发现自己当初对职业目标的认知有偏差，甚至发现最初的职业方向是错误的，或者有的人由于自身条件发生变化，原先的职业目标也与现在的职业发展不相符等，这时就需要反思和评估当初的职业目标，确定是否需要调整，是否需要重新选择职业。

2. 职业生涯路线评估　在职业确定后，是向行政管理路线发展，还是向专业技术路线发展，或是先走技术路线再转向行政管理路线等，由于发展路线不同，对职业发展的要求也不相同。当出现更适合自身发展和职业生涯发展的机会或选择，而原定发展方向缺少发展前景的时候，可以通过评估，尝试调整发展方向。

3. 实施策略评估　有时候职业生涯发展不顺利并不是因为职业方向错误或者是职业目标有问题，真正的原因可能是自己根据目标所制定的策略和措施不合适。当职业发展不顺利时，如果不是职业目标上的问题，就要考虑是不是制定的策略和措施不当，必要时进行及时修正。

4. 行为和心理的评估　当职业发展不顺利时，如果既不是职业目标选择偏差，也不是制定的策略和措施不当，就要考虑是不是自己的心理和行为方面的原因。要学会调整自己的心理状态，以适应内外环境和自身条件的改变，同时还能为了目标，坚定不移地走下去。

（二）职业生涯规划的反馈与调整

职业生涯规划过程中最后一个步骤是信息反馈。对生涯规划实施反馈要求要时时注意内外环境的变化，不断地审视自我，不断地调整自我，不断地修正策略和目标，确保个人生涯规划的有效性。修订的内容包括职业的重新选择、职业生涯路线的选择、阶段目标的修正、实施措施与行动计划的变更等。在这期间要做到谨慎判断，果断行动。谨慎判断就是无论变化多大，都要在理清来龙去脉后再做判断；果断行动就是要在判断后立即采取行动，重新调整自己的生涯设计，从而保证职业生涯健康顺利地发展，最终实现人生的职业理想。

第二节　职业生涯决策理论与方法

实例分析

实例　丁同学通过学校招聘双选会来到一家连锁药房顶岗实习，几个月后就失去了当初的豪情壮志。他认为在药房只是做一个普通营业员工作太过单一，没有前途，对现在的工作内容开始感到倦怠和不满足，有时候情绪一低落还会萌生去意。他觉得自己更适合做突变性较强的工作，这样能比较好地发挥自己的进取精神。他想转行去做别的工作，又怕一时冲动做决定将来会后悔。是去是留，这个想法一直困扰着他。

问题 如果你是丁同学，你该如何抉择？

一、职业生涯决策理论

国内外职业生涯学者经过深入研究，提出了多元化的职业生涯决策理论与方法。职业选择的基本理论有很多，如佛隆的择业动机理论、帕森斯的特质－因素论、霍兰德的人格类型论、罗伊的人格发展理论等，应用较为广泛的生涯决策理论有认知信息加工过程理论、舒伯的生涯发展理论、克朗伯兹生涯决定社会学习理论、金斯伯格的职业生涯发展阶段理论、PIC 模型等。

中职阶段的学生可以从施恩的职业锚理论入门，学习他的职业发展阶段论，从而举一反三，不断完善适合自己的生涯决策方法。

（一）"职业锚"理论

"职业锚"这一概念是美国麻省理工学院心理学家和职业生涯管理学家施恩教授提出的。他认为，职业生涯规划实际上是一个持续探索的过程。在这一过程中，每个人都在根据自己的天资、能力、动机、需要、态度和价值观等慢慢形成较为明晰的与职业有关的自我概念。随着一个人对自己越来越了解，他会逐渐形成一个占主导地位的"职业锚"。

1. 职业锚的内涵

（1）自省的动机需要 以实际情境中的自我测试和自我诊断以及他人的反馈为基础。

（2）自省的才干和能力 以个人工作环境中的实践成功为基础。

（3）自省的态度和价值观 以自我与雇用组织、工作环境的准则和价值观之间的实际遭遇为基础。

职业锚实际上就是人们选择和发展自己的职业时所围绕的中心。

2. 职业锚的类型 施恩从大量跟踪调查研究中总结出五种职业锚类型，具体如下。

（1）技术/职能型 这一类型的人可以根据自己的个性和爱好，在专业领域中发展，追求在技术或职能领域的成长、技能的不断提高及应用这种技术和职能的机会。他们往往不喜欢从事一般的管理性质的工作，因为这将意味着放弃他们在技术职能领域的成就。这种人的典型特征是性格内向，喜欢独立思考，做事细致谨慎。这种人在职业选择时主要将注意力放在工作的实际技术方面上，即使提升，也不愿意到全面管理的位置，而愿意在技术职能区提升，保持自己的技术优势，在本技术职能区达到最高管理位置是他们的成功标准。将技术拔尖的科技人员提拔到领导岗位，这对那些有能力"双肩挑"的人，当然是一举两得，但其中有不少人往往并不喜欢，他们更希望能继续研究自己的专业。

（2）管理型 这一类型的人倾心于全面管理，追求权力，对做管理人员有强烈的愿望。他们具有很强的升迁动机和价值观，追求并致力于职位、权力和收入的提升，经验使他们相信自己有能力达到高层次领导职位，对组织有很大的依赖性。这种人通常具有较强的人际关系沟通能力和善于影响、领导、监督、应对、操纵和控制他人的能力，具有较强的分析能力和在信息不充分或不确定的情况下判断、分析、解决问题的能力，并且还有较强的情绪控制能力。在面对危机时，他们不沮丧、不气馁，且有能力承担重大的责任而不被压垮。管理更多的人和承担更大的责任是他们的成功标准。

（3）创造/创业型　这一类型的人需要拥有完全属于自己的事物，或以自己的名字命名的产品或工艺，或自己的公司，或能反映个人成就的私人财产，认为只有这些实实在在的事物才能体现自己的才干。他们具有强烈的欲望，意志坚定，勇于冒险。

（4）安全/稳定型　这一类型的人最关心的是职业的长期稳定性与安全性。对他们而言，一份安全稳定的职业、一笔体面的收入、优越的福利与良好的退休保障是至关重要的，并愿意为此付出努力。他们尽管有时能达到一个较高的职位，但并不关心具体的职务和工作内容。目前我国大部分人都愿意选择这种职业锚，这主要是由社会发展水平所决定的。

（5）自主/独立型　这一类型的人更喜欢独来独往，希望随心所欲地安排自己的工作方式、工作习惯和生活方式，追求能施展个人能力的工作环境，最大限度地摆脱限制和制约，宁可放弃提升或工作扩展的机会，也不愿意放弃独立与自由。很多有这种职业向往的人同时也有相当高的技术型职业定位，他们宁愿做一名咨询人员，或与人合伙开店，或成为自由撰稿人独立从业，也不愿意在组织中发展。

上述五种职业锚之间可能存在交叉，但每一种都有一个最突出、最强烈、最易识别的特征。由于职业锚是个人和工作情景之间相互作用的产物，不可能像职业倾向那样通过各种测评来预测，而必须经过若干年的实际工作的内化沉淀，才能被发现。

修订版的职业锚理论在此基础上增加了服务奉献型、挑战型及生活型三类，比较顺应目前我国快速发展的人才价值观。拥有服务型职业锚的人一直追求他们认可的核心价值，如帮助他人、改善工作环境等；拥有挑战型职业锚的人"喜欢挑战不可能"，面对看上去无法解决的问题，他们往往勇于挑战，克服困难障碍，战胜强硬的对手；拥有生活型职业锚的人则希望将生活的各个主要方面合为一个有机整体，通常需要提供足够的弹性让他们实现这一目标。

（二）职业发展阶段理论

早期的职业生涯决策理论多是从某一方面入手来揭示职业选择中的共同规律。早在1909年，职业生涯理论的奠基人、"生涯之父"帕森斯（Parsons）就提倡用科学的方法来研究职业决策问题，并提出了职业决策的正式模型。以帕森斯的特质因素论和霍兰德的人格类型理论为代表的人职匹配理论是这一阶段的主导理论。施恩立足于人生不同年龄段面临的问题和职业工作主要任务，将职业生涯分为9个阶段：成长、幻想、探索阶段；进入工作世界阶段；基础培训阶段；早期职业的正式成员资格阶段；职业中期阶段；职业中期危险阶段；职业后期阶段；衰退和离职阶段；离开组织或职业的退休阶段。

职业生涯规划大师舒伯根据自己对"生涯发展形态"研究的结果，依据年龄将每个人人生阶段与职业发展相匹配，每个阶段各有其发展任务。他将人的生涯发展分为成长、探索、建立、维持和衰退 5 个阶段，每个阶段又各含次级阶段。

1. 第一阶段——成长阶段（出生至 14 岁） 该阶段的孩童开始发展自我概念，开始以各种不同的方式来表达自己的需要，且通过在现实世界中不断地尝试、修饰自己的角色。这个阶段的发展任务是：经由家庭、学校中重要任务的认同而确立自我形象，培养对工作世界的正确态度，了解工作的意义，并以此作为试探选择的依据。此阶段的重点是身体与心理的成长。

这个阶段共包括 3 个时期。①幻想期（4～10 岁）：以"需要"为主要考虑因素，这个时期幻想中的角色扮演很重要。②兴趣期（11～12 岁）：以"喜好"为主要考虑因素，喜好是个体抱负与活动的主要决定因素。③能力期（13～14 岁）：以"能力"为主要考虑因素，能力逐渐具有重要作用，同时也会考虑工作要求的条件。

2. 第二阶段——探索阶段（15～24 岁） 该阶段的青少年，通过学校活动、社团休闲活动、打零工等机会，对自我能力及角色、职业做了一番探索，因此选择职业时有较大弹性。这个阶段的发展任务是：自我概念与职业概念的形成，通过自我检视、角色尝试、学校中的职业探索与兼职工作等，使职业偏好逐渐具体化、特定化并实现职业偏好。

这个阶段共包括 3 个时期。①试探期（15～17 岁）：考虑需要、兴趣、能力价值及机会，做试探性选择，并在幻想、讨论课业及工作中加以尝试。此时的选择范围会缩小，但是由于这一阶段对自己的能力、未来的学习与就业机会还不是很确定，现在的这些选择在以后一般不会被采用。②过渡期（18～21 岁）：进入就业市场或进行专业训练，更重视现实，并力图实现自我观念，将一般性选择转为特定的选择。③尝试期（22～24 岁）：职业生涯初步确定并试验其成为长期职业生活的可能性。此阶段所选择的工作范围较小，只选择可能提供重要机会的工作，而且，若该工作不适合则可能再经历上述各时期以确定方向。

3. 第三阶段——建立阶段（25～44 岁） 由于经过上一阶段的尝试，不合适者会谋求变迁或做其他探索，因此该阶段较能确定在整个职业生涯中属于自己的"位子"，并在 31～40 岁开始考虑如何保住这个"位子"，并固定下来。这个阶段的主要任务是：通过尝试错误以确定前一阶段的职业选择与决定是否正确，若决定正确，就会努力经营，打算在此领域久留。简而言之，这个阶段的任务就是统整、稳固并求上进。

这个阶段又可细分为两个时期。①承诺稳定期（25～30 岁）：个体寻求安定，也可能因生活或工作上若干变动而尚未感到满意，于是会做出一些改变。此阶段的试验是定向后的尝试、不同的探索阶段的尝试。②稳定期（31～44 岁）：当职业形态都明确后，个体致力于工作上的稳固，努力在工作中谋取一个安定的"位子"。这一阶段，大部分人处于最具创意时期，由于资历较深往往业绩优良。

4. 第四阶段——维持阶段（45～65 岁） 个体仍希望继续维持属于他的工作"位子"，同时会面对新成员的挑战。这阶段的发展任务是维持既有成就地位，并为退休做计划。

5. 第五阶段——衰退阶段（65 岁以上） 由于生理及心理技能日渐衰退，个体不得不面对现实，从积极参与到隐退。在此阶段，职业者会经历一个从"完全的参与者"

到"选择性的参与者"再到"完全的观察者"的角色转变。这阶段往往注重发展新的角色,寻求不同的方式以替代和满足需要。

这一阶段还可以分为两个层次。①减速时期(60~70岁):这一时期工作速度变慢,工作责任或性质发生改变,以适应逐渐衰退的体力与心理,许多人会找份代替全职的兼职工作。②退休时期(71岁至死亡):这一时期的表现因人而异,有些人能愉快地适应退休境况;有些人则适应困难;有些人作为志愿者服务社会,有些人则郁郁寡欢老迈至死。

人是有生命周期的,在不同的人生阶段,人们的生理特征、心理素质、思维水平、社会责任、主要任务等都不相同,这就决定了在不同阶段,其职业发展的重点和内容也是不同的。在大部分正式的职业中,机会的获得与人的年龄密切联系。尽管有少数人在很晚的时候才开始事业的重要阶段。但不能拿大多数人的事业与这极少数大器晚成的特例相提并论。在发展的道路上,每个人都必须问自己:我的时间应该怎么投资才能获得最佳回报?每个人都应该把握不同人生阶段的优势期,拓展自己的职业生涯。

你知道吗

生涯彩虹图

舒伯的生涯发展观可用"生涯彩虹图"来表示。一个人一生中扮演各种角色,就如同一道彩虹具有许多色带。这些色带代表的角色包括子女、学生、休闲者、公民、工作者、配偶、持家者、父母、退休者,这九个角色主要在家庭、社区、学校及工作场所四个人生舞台上扮演(图4-1)。

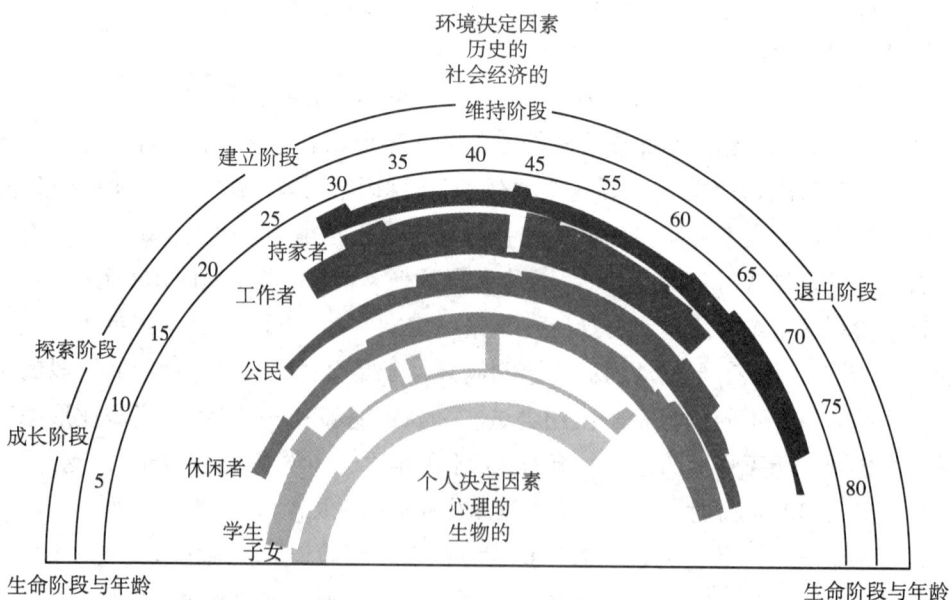

图4-1 生涯彩虹

二、职业生涯决策选项

科学、合理的职业生涯决策会为个人进入职业领域奠定良好的基础。但是，随着社会经济的发展和变化，个人的职业生涯道路也会随之变化。生涯决策过程中包含多重选择，最终的职业生涯决策是通过不断选择而逐步做出的。

（一）选择行业

从踏入职业学校的那一刻起，职校生就已经做出了自己人生当中的一个重大选择，选择某一专业为自己将来从事某种行业奠定了基础。专业具有定向功能，但由于现代社会职业发展的相互融合和交叉，个人所学专业和职业之间并非一一对应。因此，在选择行业时不要拘泥于狭小的职业范围，要突破传统的就业去向，开阔视野，发散思维，在发挥个人专长的基础上，将个人兴趣、社会需求、发展前景等方面因素综合考虑，确定未来要从事的行业。

（二）选择工作岗位

一种行业往往包含着多种工作，例如，医疗卫生行业中有医生、有护士、有医学技术人员等。选择工作比选择行业更贴近现实生活，在选择工作的时候，首先要看自己的基本素质和能力是否能够适应工作要求，没有学过临床医学的人是从事不了外科医生工作的。同时，选择工作也要考虑生存的问题，即选择的这种工作能不能保证自己的衣食住行及将来个人发展需要等。

（三）选择个性需求

当面临多种职业选择时，主要是要考虑三个问题：一是工作的发展空间；二是个人的工作能力；三是个人的兴趣爱好。

（四）选择工作地点

工作地点的选择看似简单但涉及面很广，机遇与发展、家庭与环境等诸多因素都必须考虑。当工作内容相似时，是选择毕业学校所在地，还是自己的生源所在地；是选择乡镇，还是选择城市；是选择一线大城市，还是选择中西部发展地区；选择经常出差，还是选择固定办公等。选择工作地点，关键取决于个人的价值取向及人生追求。

（五）选择工作取向

工作取向即个人的工作风格，是对未来工作的一种追求。追求稳定，还是追求挑战；追求物质，还是追求精神。假如选择一份工作有三个参考点，分别是富有、舒适、安全，当按照自己认定的重要性进行排序选择后，不一样的职业选择会决定不一样的生活。

> **请你想一想**
>
> 根据你对专业的了解，你未来的职业发展方向是什么？

三、职业生涯决策常用方法

要做出正确的职业决策，首先要获取大量有关自身和职业选择的信息和知识，还需要了解和掌握职业决策的方法和技巧。在进行职业决策时，常用以下几种方法。

（一）SWOT 分析法

SWOT 分析法是最为常用的一种分析、评估方法，最早由旧金山大学管理学教授提出，起初主要用来帮助决策者在竞争环境中制定适合企业发展的竞争战略，后被引入到职业生涯决策中。在生涯规划问题上，每个人都是自身发展的决策者，SWOT 分析同样可以发挥有效的指导作用。SWOT 分析中的 S 代表 Strength（优势），W 代表 Weakness（弱势），O 代表 Opportunity（机会），T 代表 Treat（威胁），其中 S、W 是内部因素，O 和 T 是外部因素。通过 SWOT 分析，人们能很容易地知道自己的优点和弱点在哪里，并且可以详细地评估出自己所感兴趣的不同职业道路的机会和威胁所在。在运用 SWOT 分析法对职业生涯机会进行评估时，应遵循以下步骤。

1. 分析自己的优缺点　随着社会分工的进一步细化，职业的分类也越来越细，已没有人能成为"百科全书式"的人才，每个人都会有自己突出的优势和才能，也都会有不足和缺点。例如，有的人喜欢与人交往，不希望从事单调的办公室工作；而有的人则不擅长与人交流，喜欢个人在实验室里做研究工作。为了分析自己的优点和缺点，可以制作一个表格，列出喜欢做的事情和优点，同时也列出不喜欢做的事情和缺点。需要注意的是，找出缺点与发现优点同等重要，因为在此基础上可以有针对性地进行弥补和提高，也可以放弃那些自己不擅长的职业领域。

2. 找出外部机会和威胁　社会环境时刻在发生变化，在变换的环境中，有些因素是机遇，有些因素则是威胁。不同的行业、职业和职位面临的机遇和威胁也不同。只有准确地找出这些外部因素，才能做出正确的决策。例如，互联网时代，产生了直播带货等多种新的营销方式，许多积极的外部因素行业将为求职者提供广阔的职业前景。

3. 构造 SWOT 矩阵　将分析和调查得出的各种因素，根据轻重缓急或影响程度等排序，构造 SWOT 矩阵，在此过程中，将那些对职业发展有直接的、重要的、大量的、迫切的、久远的影响因素优先排列出来，而将那些间接、次要、短暂的影响因素排列在后面（表 4 - 1）。

表 4 - 1　SWOT 矩阵

优势： 利用优势和机会的组合	机会： 改进劣势和机会的组合
劣势： 清除劣势和危机的组合	危机： 监视优势和危机的组合

在完成影响因素分析和 SWOT 矩阵的构造后，运用系统分析的方法，把各种因素相匹配起来加以分析就可以从中得出一系列相应的结论，依此制定出行动计划。制定

行动计划的基本思路是：发挥优势因素，克服弱点因素；利用机会因素，化解威胁因素；回顾过去，立足当前，着眼未来。

（二）"5W"法

在职业生涯规划与决策中，"5W"是一种简单易行的方法，它依托归零思考的模式，从问自己是谁开始反思，从而探寻个人的终极价值追求。5 个 "W" 的含义是：我是谁（Who am I）、我想做什么（What will I do）、我会做什么（What can I do）、我能做什么（What does the situation allow me to do）、我的职业与生活规划是什么（What is the plan of my career and life）。从某种意义上说，回答完这 5 个问题，也就基本上明确了职业决策和职业规划的主要目标。

（三）决策平衡单分析法

在面临多种选择方案而不知道如何取舍时，可考虑使用平衡单分析法。决策平衡单可以帮助具体分析每一个可能的选择方案，考虑各种方案实施后的利弊得失，最后排定优先顺序，择一而行。

职业生涯辅导专家金树人老师提出，平衡单的四个纬度内容组成为：自我 – 他人、物质 – 精神。在自我精神部分所要考虑的因素包括能力、兴趣、价值观、自尊、自我实现等心理需求、生活方式的改变、成就感、自我实现的程度、兴趣的满足、挑战性、社会声望的提高、发挥个人的才能等；在自我物质部分所要考虑的因素包括升迁机会、工作环境的安全、社会地位、工作环境、工作发展前景、工作内容、休闲时间、生活变化、对健康的影响、足够的社会资源、培训机会、就业机会等；他人精神部分所要考虑的因素包括父母、师长、配偶、家人的支持等；他人物质部分所要考虑的因素包括家庭经济收入、择偶及建立家庭、与家人相处的时间、家庭的地位等。

在利用平衡单分析法进行决策的时候，首先根据平衡单从四个方面给全部备选项进行评分，每个项目得分一般为 1～10 分，见表 4 – 2。

表 4 – 2　平衡单四个方面备选项评分

	正面的预期（＋）	负面的预期（－）
自我物质方面的得失		
他人物质方面的得失		
自我精神方面的得失		
他人精神方面的得失		

第三节　确定职业生涯目标

实例分析

实例　小蓉刚从某医药学校毕业时，虽然只有中专学历，但是到了工作单位后，她吃苦耐劳、勤学好问，业余时间还参加各种学习不断提升自己。在一次行业比赛中，她凭借八小时之外上夜校所学的速记技能，最终带领团队获得了一等奖，得到了同行们的赞誉，深刻体会到有付出必有回报的成就感。从此，小蓉更坚定了持续学习、提升技能的信心。在以后的学习和工作中她不断挑战自己，屡创佳绩，通过努力最终成为长沙市首批获得执业药师的三人之一、早期上市药企第一批培训师，并成立了自己的医药咨询公司。

问题 小蓉的成长故事对你有什么启示？

当人们的行动有明确的目标，并且把自己的行动与目标不断加以对照，清楚地知道自己的行进速度和与目标的距离时，行动的动机就会得到维持和加强，也就会自觉地克服一切困难，努力达到目标。

一、职业生涯目标的内涵

职业生涯目标是指个人在选定的职业领域内未来将要达到的具体目标，促使个人依据这种明确的职业目标，去规划自己的学习和实践，为实现职业目标进行积极准备并付诸实际行动。

简单来说，职业生涯目标就是人们常说的人生目标，如要成为什么样的人，该如何度过一生，如何才能使人生过得有意义、有价值，如何才能取得成功，如何才能拥有幸福的生活等。职业生涯目标是指引人生成长和发展的导航标。

二、确定职业生涯目标的意义

人一生中用时最长、对自己影响最大的旅程莫过于职业生涯之旅，时间跨度约为40年，确定科学合理的职业生涯目标意义重大，影响深远。

1. 促使产生自我发展的积极性 当人们给自己定下某个职业目标时，这个目标就成为职业生涯发展的依据和鞭策。有了这个方向，才会更加有效地为职业发展做出努力。

2. 有助于评判现在的行动 给自己定什么样的目标，需要审视现在的自己处于一个怎样的阶段。因此，目标制定的过程也就是评估现在，把握现在的过程。

3. 引导优势发挥 制定目标以后，职校生也会知道自己的使命，并且不停地在自己的优势领域努力，安排处理好日常工作生活中的轻重缓急等诸多事务。

4. 有助于评估进步 大多数人每天看起来也在忙忙碌碌，却忽略了去评估自己的进步，也不知道评估的尺度和标准。目标正好提供了一种自我评估的手段，以目标的达成为指标来进行自我评估，有助于生涯规划的顺利实施，更可以督促个体朝着自己的目标奋斗。

三、职业生涯目标分类

职业生涯目标包括人生目标、长期目标、中期目标与短期目标，它们分别与人生规划、长期规划、中期规划和短期规划相对应。一般先要根据个人的专业、性格、气质和价值观以及社会的发展趋势确定自己的人生目标和长期目标，然后再把人生目标和长期目标进行细化，根据个人经历和所处的组织环境制定相应的中期目标和短期目标。

（一）按时间分类

1. 短期目标 是指 2 年以内的目标，主要是确定近期目标，规划近期完成的任务。通常是指每日、每周、每月、每季、每年的目标，如对专业知识的学习、两年内掌握哪些业务知识等。它是中期目标和长期目标的具体化、现实化和可操作化，是最清楚的目标。

2. 中期目标 是指 3~5 年的目标，在整个目标体系中起着承上启下的作用，也是职业生涯能否有效实施和实现的重点。中期目标在长期目标的基础上确立，例如毕业时找到一份满意的工作，或者选择继续升学，或者先择业再创业，实现当老板的理想等。中期目标相对长期目标要具体一些。

3. 长期目标 是指 5 年以上的目标，通常会随着自身情况和外部形势的变化而变化，设计时以轮廓勾画为主。长期目标是职业生涯目标设定的重要一步。概念上，长期目标需要考虑个人的价值观、兴趣、能力和期望。因此应包括工作职责、自主程度、与他人交往的类型与频率、物质环境以及生活方式等诸多方面。行动上，长期目标是把概念目标具体化为某一特定的工作或职位，即考虑什么样的具体职位才能给自己提供机会，符合自己的重要价值观、兴趣、才能和生活方式要求。

4. 人生目标 是整个职业生涯的规划，时间长至 40 年左右。它是设定整个人生的发展目标和阶梯。

（二）按性质分类

1. 外职业生涯目标 是指侧重于职业过程的、外在的、可看得见的标记，它主要包括工作内容、职务目标、经济收入、工作环境和工作地点等方面的目标。

2. 内职业生涯目标 是指在职业生涯规划中知识、经验的积累，观念的转变，能力和素质的提高，以及成就感、价值感等内心感受。这些目标必须通过努力才能获得和掌握。

职业生涯的内、外目标是相辅相成、相互促进的。内职业生涯目标的发展可以推动外职业生涯目标的发展，而外职业生涯目标的实现又可以促进内职业生涯目标的实现。

四、职业生涯目标的设定原则

1. 目标必须具体 职业生涯目标设定必须是清晰的、可产生行为导向的，也就是说，人生各个阶段的线路划分与安排一定要具体可行。例如"我要成为一个优秀的中职生"就不是一个具体目标，但"我要获得今年的一等奖学金"就算得上是一个具体的目标。

2. 目标必须可以衡量 目标必须用指标量化表达，例如"我要获得今年的一等奖学金"这个目标，就对应着许多可以量化的指标，例如出勤、考试成绩、参加活动的结果等。规划一定要从长远来考虑，只有这样才能真正为自己的人生设定一个大的方向，才能让自己集中精力紧紧围绕这个方向做出努力，最终取得成功。

3. 目标必须适度 "适度"有两层含义：一是目标应该在能力范围内，如果目标经常达不到，体验不到成就感会让人沮丧，规划未来的职业生涯目标，涉及多种可变因素，这些因素有些是不可预测的，因此应该具有一定的弹性，以便增强其适应性；二是目标要具有一定的挑战性，所提出的目标必须是经过一定的努力才能实现的目标，而不是轻轻松松就能实现的。太容易达到的目标不仅很难激发自己要真正实现它的动机和潜能，长此以往也会让人失去向上的斗志。

4. 目标必须切合实际 规划一定要以事实为依据，要根据自身特点、组织发展和社会发展需要来制定，而不能闭门造车想当然，为自己设定的目标不应该是水中月、镜中花，让人无法触及，而应该是远处山丘上的一棵大树，是历经艰难险阻、翻山越岭后，可以触碰得到的。

5. 目标必须具有明确的时间表 确定目标完成的日期时，不但要确定最终目标的完成时间，还要设立多个较少时间段上的"时间里程碑"，以便对进度进行监控。规划是预测未来的行动，确定将来的目标。因此各项主要活动如何实施、何时完成，都应该有时间和时序上的合理安排，以此作为检查行动的依据。

你知道吗

SMART 原则被称为制定生涯目标的"黄金准则"。SMART 原则是五个英文单词首字母的缩写，好的目标应该符合 SMART 原则。

S（specific）即明确的，指要用具体的语言清楚地说明要达到的目标。明确的目标几乎是所有成功人士的一致特点。很多人不成功的重要原因之一是目标定得模棱两可。

M（measurable）即可衡量的，指目标应该是明确的，而不是模糊的，应该有一组明确的数据，作为衡量是否达到目标的依据。如果制定的目标无法衡量，就无法判断这个目标是否实现。

A（attainable）即可实现的，指要考虑是否具备帮助自己实现目标的外界条件。设定目标时，要考虑自身的实际情况，确定通过努力可以实现的目标，避免目标设立过高或过低，"跳一跳够得着"的目标就比较合适。

R（realistic）即实际的，指在现实条件下是否可行、可操作。设定目标一定要考虑可操作性，根据自己的实际条件和掌握的资源来确定，不要好高骛远。

T（timed）即有时限的，指设定目标必须有时间的限制。要形成良好的习惯，做到日事日毕。

第四节　撰写职业生涯规划书

实例分析

实例 30 年前，林岚考入一所中专学校学习中药专业。在三年的学习中，她感受到了中药的魅力，于是下定决心以中药研究作为自己终身职业目标。毕业后，林岚选择留校工作，在校办企业零售药房工作。她利用所学，虚心向老药工请教，练就了扎实的专业功底。

当全民下海大潮席卷神州大地之时，业内同行看中林岚的中药技能特长，邀她南下发展。面对职业发展的分叉路口，她犹豫不决。最后，林岚静下心来，认真分析自己的兴趣、性格等，最终确定仍将以中药研究和中药传承作为自己的职业发展目标，然后设计自己的生涯发展路线，并付诸实施。林岚确立的第一个目标是继续深造，提升学历，努力成为一名优秀的专职中药教师。

在如愿成为专业教师后，林岚依然不断提高自己的专业技能，潜心深耕中药领域，最终让自己成为学校专业领域内的权威专家，并成立了学校首个技能大师工作室，向学生普及中医药知识，传承传统文化。

回首自己的职业生涯，林岚老师说："只要你对自己的专业充满热情，并树立职业目标，然后坚定不移地努力前行，你就一定能成为你理想中的样子。"

问题　面对职业发展选择时，你会如何设计自己的生涯路线？

行动是职业生涯设计中最艰难的步骤，也是关键环节，它需要集中精力全力以赴，不断克服各种困难与障碍，以及落实各阶段目标的具体措施。主要包括每日、每周、每月、每学期、每学年具体实施生涯规划方案的有效行动步骤，因此，学会撰写职业生涯规划书很重要。

一、撰写职业生涯规划书的意义

职业生涯规划书是付诸文字的职业生涯规划过程。通过职业生涯规划书，可以将自己对未来的规划进行设计和陈述，既可以接受师长的指导，又能与同学切磋交流，还可以作为职业生涯发展的记录，以阶段性的成果形式呈现出来，为下一步发展指明方向。

二、职业生涯规划书的撰写原则

1. **独特性**　应针对自己的实际情况而量身定制。
2. **可行性**　应以实际可操作为前提，实现理想和现实的统一。
3. **阶段性**　职业生涯规划应体现个人发展的阶段性。
4. **发展性**　职业生涯规划书的内容不是一成不变的。

三、职业生涯规划书的主要内容

1. **扉页**　包括题目、姓名、基本情况介绍、规划年限、年龄跨度、起止时间。其中规划年限不分长短，可以是半年、3 年、5 年甚至是 20 年，要根据个人的具体情况而定，建议职校生采取的职业规划年限为 3~5 年。

2. **自我分析**　一个有效的职业生涯设计必须是在充分且正确认识自身条件基础上进行的。要审视自己、认识自己、了解自己，做好自我分析，包括自己的兴趣、特长、性格、学识、技能、智商、情商、思维方式等。即要弄清自己想干什么、能干什么、应该干什么、在众多的职业面前会选择什么等问题。职业生涯规划书中可包括以下内容：职业倾向分析、职业价值观分析、性格分析、能力分析、个人成就案例、自我分析总结。撰写自我分析时应注意以下内容。

（1）理论、模型运用要正确、合理。

（2）自我分析需将自我特点与职业环境相联系。在职业生涯规划中，分析自我的目的是为了进行初步的职业定位，而不是为分析自我而分析，要关注自我与职业环境两者的联系。

（3）将测评的量化分析与自我的质化分析结合起来。测评只是一种外源性的参考，而非决定性因素，重要的是用生活中的事件与经历来证明自己有某方面的特征。例如，根据霍兰德职业兴趣测评，测出自己的职业兴趣，如果只是把这个测评结果在职业生涯规划书中罗列出来，其意义并不大。因为测评只是自我分析的工具，测评的结果也只是参考。接下来，自己需要对前三项类型进行阐释，并与实际生活经验相对照。

（4）自我分析时可以适当考虑他人的评价内容，例如同学、朋友、师长对自身的个人评价。

（5）自我分析不是一两次心理测评就可以解决的事情，而是需要贯穿整个职业生涯。

3. 环境分析　职业生涯规划还要充分认识与了解相关的环境，评估环境因素对自己职业生涯发展的影响、分析环境条件的特点和发展变化情况，把握环境因素的优势与限制。了解本专业、本行业的地位、形势以及发展趋势。职业生涯规划书中可包含以下内容：社会环境分析、学校环境分析、家庭环境分析、行业环境分析、组织环境分析、职业环境分析、岗位分析、环境分析结论。撰写"环境分析"部分时，可以从以下几个方面进行分析。

（1）社会环境分析　主要分析就业形势、就业政策、竞争对手等。

（2）学校环境分析　主要分析学校特色、专业学习、实践经验等。即便是在同一学校的同一专业，由于个体的不同，职业定位也是不同的。另外，对学校环境的分析，更要考虑到学校环境对个体成长的影响，又要意识到如何利用学校现有资源，为自己所用。

（3）家庭环境分析　包括分析自己的家庭经济状况、家人职业、家庭社会关系网、家人期望等。

（4）职业环境分析　对于职业环境的分析要遵循从宏观到微观的渐进性，从行业、职业到单位、岗位等。宏观的环境为小环境提供了发展背景，而对于职业的探索，只有具体到较微观的部分，如某个岗位某个专业方向，才是有效的，有导向性的。

需要强调，所有这些环境分析，都要与自己的职业生涯发展相联系，而不是纯客观地分析。

4. 职业定位　是指要为职业目标与自己的潜能及主客观条件谋求最佳匹配。良好的职业定位是以自身的最佳才能、最优性格、最大兴趣、最有利的环境等信息为依据的。

5. 职业生涯实施计划 制定职业生涯目标方案，必须要有具体的行为措施来保证。主要包括以下内容：长期、中期、短期职业生涯计划，各阶段计划的分目标，计划内容（专业学习、职业技能、职业素养等），计划实施策略。

撰写实施计划部分时，应注意行动计划选择要以职业目标为准绳，根据目标需求，确定行动策略。制定行动策略时，应将目标分解为可操作性强的措施，平衡各个目标，使其协调发展；行动策略与行动计划要清晰、明了、准确。

目标检测

一、选择题

1. 职业生涯决策是一个认知过程，主要包含（　　）。
   A. 判断、犹豫、分析、选择　　　　　B. 选择、学习、讨论、分析
   C. 相信、怀疑、思考、判断　　　　　D. 评估、选择、确定、承诺实践

2. 影响职业生涯决策的主要因素有（　　）。
   A. 个人收入、企业文化、国家政策、价值观等
   B. 价值观、处事态度、行为习惯、人际关系等
   C. 心理特质、心理状态、生理特质、生理状态等
   D. 受教育程度、家庭因素、个性因素、环境因素等

3. 职业生涯决策风格，主要包含理智型、直觉型、依赖型、（　　）五种。
   A. 积极型和主动型　　　　　　　　　B. 消极型和被动型
   C. 热情型和冷漠型　　　　　　　　　D. 回避型和自发型

4. 职业生涯决策应结合（　　）。
   A. 自己的性格　　　　　　　　　　　B. 实际可行性
   C. 持续与不确定性　　　　　　　　　D. 以上几项都应考虑

5. （　　）不属于职业生涯决策的个性需求。
   A. 工作的发展空间　　　　　　　　　B. 个人的工作能力
   C. 个人的兴趣爱好　　　　　　　　　D. 非法营利的工作

6. "职业锚"理论是著名生涯管理学家（　　）提出的。
   A. 舒伯　　　　　B. 帕森斯　　　　　C. 施恩　　　　　D. 马斯洛

7. 关于确定生涯目标有助于评估进步说法正确的是（　　）。
   A. 目标可提供评估标准　　　　　　　B. 目标可提供评估手段
   C. 目标达成指标可督促个体奋斗实施　D. 以上说法都对

8. 职业生涯目标按时间分类，一般可分为（　　）。
   A. 短期目标、中期目标、长期目标、人生目标

  B. 外职业生涯目标、内职业生涯目标

  C. 个人目标、团队目标、组织目标

  D. 以上说法都对

9. 以下不属于职业生涯目标设定原则的是（　　　）。

  A. 目标必须具体   B. 目标不可以衡量

  C. 目标必须适度且实际   D. 目标具有明确时间表

10. （　　　）不是中职学生常用的职业决策方法。

  A. 明尼苏达工作适应法   B. SWOT 分析法

  C. "5W" 法   D. 决策平衡单法

11. 职业生涯规划的评估包括（　　　）。

  A. 生涯目标的评估   B. 生涯路线与实施策略的评估

  C. 行为和心理的评估   D. 以上各方面都包含其中

12. 以下说法不正确的是（　　　）。

  A. 职业生涯目标会受不确定因素影响而与实际产生偏差

  B. 对生涯规划实施反馈调整是必要的

  C. 职业生涯规划的第一个步骤是信息反馈

  D. 要根据生涯评估结果进行目标与策略方案的调整

13. （　　　）不属于职业生涯规划书的撰写原则。

  A. 独特性   B. 可行性   C. 跳跃性   D. 发展性

二、思考题

1. 搜集并整理一份适合自己的决策平衡单。

2. 结合个人实际，谈谈为什么要确定职业生涯目标？

3. 综合运用本章相关知识，撰写一份自己的职业生涯规划书。

书网融合……

        微课   自测题

第五章 自我发展

学习目标

知识目标

1. **掌握** 专业知识的学习方法，专业技能的提升方法。
2. **熟悉** 常见的通用技能及培养方法。
3. **了解** 个人素养对职业发展的影响。

能力目标

1. 能够熟练掌握提升专业技能和通用技能的途径，并能正确运用到实际学习工作中，提高自身的综合能力。
2. 学会运用专业技能和通用技能解决学习工作中的各种问题。

第一节 提升专业技能 微课

实例分析

实例 宋彪，男，1998年11月出生，2014年9月入读江苏省常州技师学院，学习模具制造。开学他便下定决心好好学习，一有时间就去请教专业老师。二年级时候，参加学院"技能节"比赛，进入校集训队。之后宋彪又在江苏选拔赛中以第一名的成绩，代表江苏参加全国选拔赛，以第三名的成绩进入了国家集训队。经过艰苦的训练，他最终代表国家出战第44届世界技能大赛并夺得金牌，而且以全场最高分的成绩赢得阿尔伯特大奖。回国后，他在中南海受到李克强总理的亲切接见，受到人社部和江苏省政府表彰，成为江苏最年轻的副高级专业技术职称获得者，2019年获"中国青年五四奖章"。从宋彪的整个学习和夺冠之路，可以深深地体会到技能可以改变人生、成就梦想。

问题 1. 宋彪的成功源于什么？

2. 你认为应该怎样学习专业知识、提高专业技能呢？

从学校走向社会，学生将会面对一个全新的世界，在这个世界里，能够使学生立足的是所选的职业。职业不仅是生活的基础，更是每个人存在价值的体现。作为新时代学生，应该对社会、对自己有清晰的认识，特别是对现在的就业形式，社会的政治环境、经济环境、文化环境以及对自己的性格、能力等都有清晰的认识，只有这样才能明白自己的优点和缺点，扬长避短，通过努力学习提高自己的能力，更好地适应社会，为社会做出更大的贡献，实现自己的人生价值。

一、职业目标对专业技能的要求

个人事业的成败，很大程度上取决于有无正确适当的目标。没有目标如同驶入大海的孤舟，四野茫茫，没有方向，不知道自己走向何方，只有树立了目标，才能够明确奋斗的方向，走向成功。

职业目标一般指职业生涯目标，是指个人在选定的职业领域内未来时间点上所要达到的具体目标，包括短期目标、中期目标和长期目标。

专业技能指专业化、专门性的技能，是指掌握和运用专门技术的能力，是职业能力的核心，具体包括专业理论知识及相关知识的掌握，以及运用这些知识解决实际问题的技能，其核心是实践能力、操作能力。

专业技能是职业能力中的核心组成部分，是衡量人才最重要的指标，是一个人在职业生活中展现出来的综合素质最外显的部分。在进行职业生涯规划时，首先要根据个人的专业、性格、气质和价值观以及社会的发展趋势确定自己的人生目标和长期目标，然后再把人生目标和长期目标进行分化，根据个人的经历和所处的组织环境制定相应的中期目标和短期目标。而专业理论知识的学习和专业技能的训练则应列为职业生涯的起点，从而促使自己在不断学习中逐步认清专业的培养目标，发展现状和未来趋势，在专业领域内不断探索，为实现自己的职业生涯目标奠定坚实的基础。

1. 全面掌握专业知识　专业知识是形成专业技能的前提条件，掌握专业知识，就具备专业技能的基础，从而才能正确进行技能训练。

2. 熟练掌握专业技能　专业技能是就业的根本条件，没有专业技能就无法得到企业的认可，很难获得就业机会，更不要说个人的未来发展。

3. 勤于创新专业技能　专业技能除加强训练外，还必须勤思考，能够对技能进行创新，总结属于自己的技能经验。

4. 善于更新专业技能　社会发展迅速，新技术新技能更新很快，所以要善于学习，了解专业发展方向，及时掌握新技术、新技能，为职业发展提供保障。

二、学习专业知识

（一）重要性

专业课程是获取专业知识的主要途径，专业知识是训练专业技能的基础，专业知识和专业技能又是形成专业能力的基础。随着专业课程的不断深入，掌握的专业知识不断增加，专业技能的训练也不断得到增强，专业能力逐渐提高。专业能力的提升反过来又会促进个体更好、更快地掌握更多的专业知识和专业技能。所以，在校学生要重视专业课程的学习，重视专业技能的训练，将学到的专业知识和专业技能内化为专业（职业）能力。在就业形势依然严峻的情况下，只有努力学好专业知识、运用好专业知识，将专业知识转化成专业能力，才能提升自身的就业竞争力，才能实现高质量的就业。

（二）方法

1. 注重知识学习同时重视能力培养 要想在求职就业的竞争中脱颖而出，并获得高端的就业岗位，就必须牢固掌握扎实的专业知识和精湛的专业技能。在能力与知识之间，唯一正确的方法就是做到理论联系实际，将所学知识应用于工作实践，在工作实践中又会不断地产生对新知识的需求，如此循环往复，知识积累越来越多，专业技能也得到不断地提升。

2. 掌握科学的学习方法 学习方法的掌握比学习知识更有用、更重要。学习不仅包括接收、获取和储存知识，还要对知识进行识别、判断、分析，并对知识进行消化和处理。在学习的过程中要不断加强求知的意识，掌握科学的学习方法，进行创新性的学习。

三、提升专业技能

1. 认真学习专业理论基础 理论来源于实践，又指导实践，没有专业理论基础作支撑，就很难学好专业技能。中职生必须要明白理论的重要性，严格要求自己，主动认真学习，勤学好问，努力打好理论根基，并能理论联系实际，培养自己分析问题和解决问题的能力。

2. 勤动手、多练习 实际操作是培养学生技能学习的重要途径，认真上好每一节实训课，严格按照操作要求，勤动手多练习。平时除了要认真上好学校的实验或实训课，还要多参加校外实训，比如深入到企业工作岗位上进行专业技能操作训练、参加技能操作竞赛等，从而提高动手能力，提升专业技能。

3. 科学分配技能训练时间 在进行技能训练时要做到集中练习与分散练习相结合。开始学习阶段，训练频率要高，但时间不宜过长，以后可以逐渐减少训练次数，但需要延长每次训练时间。

4. 积极参加校外学习 多参加各种校外技能培训，多到企业参加实习，把技能训练与生产实践紧密结合，全面提升自己的专业技能。

5. 勤学好问，多向他人请教 对于自己不懂的问题要有打破砂锅问到底的精神，不耻下问，弄懂为止。向他人学习，是学习的最有效途径之一。

6. 学会总结经验和教训 每次训练之后，要进行总结，做得不好的，下次吸取教训进行改正；做得好的，继续努力。只有不断地总结经验和教训，才能使自己更好地提高专业技能。

你知道吗

世界技能大赛——中国篇

世界技能大赛由世界技能组织举办，被誉为"技能奥林匹克"，是世界技能组织成员展示和交流职业技能的重要平台。第 41 届世界技能大赛于 2011 年 10 月 4 日晚在英国伦敦开幕，中国首次参加 6 个项目的比赛，中国石油天然气第一建设公司员工裴先峰勇夺焊接项目银牌。第 42 届世界技能大赛于 2013 年 7 月 2 日在德国莱比锡开幕，中国收获 1 银 3 铜及 13 个优秀奖。第 43 届世界技能大赛于 2015 年 8 月 11 日至 16 日在巴西圣保罗举行，中国取得了 5 金 6 银 4 铜的成绩。第 44 届世界技能大赛于 2017 年 10 月在阿联酋举行，中国获得 15 金 7 银 8 铜和 12 个优胜奖，并位列金牌榜首位，并获得"阿尔伯特·维达"大奖。在俄罗斯喀山举行的第 45 届世界技能大赛上，中国获得 16 金 14 银 5 铜和 17 个优胜奖，位列金牌榜、奖牌榜、团体总分第一名。中国上海获得 2021 年第 46 届世界技能大赛举办权。

第二节　培养通用技能

实例分析

实例　小伟是一家公司的技术员，平时和同事交往甚少，也不善与领导交流。但工作中他勤奋刻苦、认真踏实，也很有创新精神。有一次，他对某项产品在技术升级方面有自己独到的创意，但是他却迟迟没有和领导交流自己的想法。他很想让领导知晓自己不仅有技术能力，而且还有对工作的热情和热爱。但他每次想去敲领导办公室门时，却总是犹豫不决；有好几次领导来到他工作室检查工作时，他欲言又止……就这样他错过了很多交流的机会，以至于工作了多年，其他同事陆续晋升为班组长或调到其他重要岗位，而他仍然是个普通的技术员。

问题　小伟技术能力很强，可是为什么却一直得不到晋升的机会？

通用技能是人们职业生涯中除岗位专业能力之外的基本能力，它适用于各种职业，适应岗位的不断变换，是伴随人一生的可持续发展能力。

通用技能在人的职业生涯中对专业能力的运用和个人职业的发展都有着极其重要的作用。特别是随着科技的发展和就业形势的需要，培养和提高学生的通用技能已显得格外重要。在现代社会的职业生活中，从业人员的知识老化周期与产品的生命周期相似，专业知识和技能也有一个生命周期。据有关资料显示，知识的更新周期为 3 ~ 5 年，如果一个人不具有接受再教育的能力，就不能及时更新自己的知识，也不能很好地调整知识结构。随着社会的进步，知识也会不断更新。因此，获取知识的能力比获取知识的数量更为重要，通用技能的掌握与专业技能的掌握同等重要。只有具备通用技能的人，才能够适应变化的环境，把握新的机遇。

从就业的角度看，随着科学技术和社会生产力的飞速发展，产业结构的变动更为频繁，市场竞争更为激烈，人们面临失业和转岗的压力更大，就业不再是从一而终，从业人员会经常面临失业、转岗、从业这样一个循环过程。职业教育的技能培养目标，除了考虑具体行业和职业岗位的需要外，还必须考虑学生日后会遇到的职业变更、技术更新及个人发展的需要。既要重视"专业技能"，又要重视"通用技能"的培养，以适应未来社会生活中职业的变化和知识更新的需要，为学生今后的发展和接受继续教育奠定一个较为宽厚的基础。由于通用技能适用于所有的职业生活，因此，当职业岗位发生变更或者当劳动组织发生变化时，学生所具有的这一能力依然能够起作用，这样就能较快地适应新的职业岗位，同时也有助于形成个人独立的终身不断学习所必备的能力，使之在变化的环境中不断自我充实、提高、发展，增强学生可持续发展的能力和适应社会变化的能力，使学生真正具有应变、生存、发展的能力，从而有助于提高他们在社会实践中的竞争力，同时也有助于克服专业技能教育的定向性和社会需求多边性的不相适应。

> **请你想一想**
> 为什么要培养通用技能？

一、常见的通用技能及培养方法

（一）学习能力

学习能力是指个体从事学习活动所需具备的心理特征，是顺利完成学习活动的各种能力的组合，包括感知观察能力、记忆能力、阅读能力、解决问题能力等，具体表现在如何学、怎样学以及学习的效果等。

良好的学习能力不仅要求个人学习广博的知识，还要掌握学习的方法，树立终身学习的理念，与时俱进。学习也是一种生存能力的表现，一个人的学习能力往往决定了一个人竞争力的高低，不论处于职业生涯的哪个阶段，都不应该停止学习，如果停止学习，必定会落后于他人，而在当今社会，落后就会被淘汰。学习能力的提升需要从以下几个方面入手。

1. 树立自主学习意识 要从思想上树立自主学习的意识，没有积极的思想做指导，就不可能有行动上的突破和收获。

2. 培养学习兴趣 学生应培养对学习的兴趣。因为自己感兴趣的东西，就会很自然地对自己产生强烈的吸引力。这会促使自己保持高度集中的注意力去学习。

3. 端正学习态度 保持积极的学习态度，才能积极地去学习。端正学习态度，能够让自己学习得更好更快。

4. 增加学习动力 学习动力是学习的源泉，可以采取一些有效的激励措施鼓励自己学习，比如想想劳累的父母，畅想美好的事情，对比理想与现实的巨大差距等。

5. 培养坚定的学习意志 在学习过程中，很多同学认识到自身存在的缺点主要是懒惰、意志不坚定等，而且容易受到消极思想和行为的影响，所以要学会控制自己，坚定意志，勤奋学习。

6. 保持专注的学习 学习是一件非常漫长和枯燥的事情。尽量让自己在安静的环境中学习，当一个人在相对安静的氛围中学习时，可以提高自己学习的专注力，同时学习效率也是相对较高的。

7. 制定科学合理的学习方法和学习计划 除了浓厚的学习兴趣和强大的学习动力

以外，还要有科学合理的学习方法和学习计划，并通过积极、专注、高效的学习行动完成学习计划。

8. 学会自我总结、自我反思　学习不是一时的事情而是终身的行为，每次学习后要进行自我总结、自我反思，并且长期坚持，这样才能真正提高自己的学习能力。

（二）团队精神

所谓团队精神，简单来说就是大局意识、协作精神和服务精神的集中体现。团队精神要求有统一的奋斗目标和价值观，而且需要信赖，需要适度的引导和协调，需要正确而统一的文化理念的传递和灌输。团队精神强调的是组织内部成员间的合作态度，为了一个统一的目标，成员自觉地认同肩负的责任并愿意为此目标共同奉献。团队精神的基础是尊重个人的兴趣和成就，核心是协同合作，最高境界是全体成员的向心力、凝聚力，反映的是个体利益和整体利益的统一，并保证团队的高效率运转。

团队精神要求团队分工合理，将团队每个成员放在合适的位置上，使其能够最大限度地发挥自己的才能，并通过完善的制度、配套的措施，使所有成员形成一个有机的整体，为实现团队的目标而努力奋斗。团队精神的培养需要从以下几个方面入手。

1. 明确团队目标　团队目标是把成员凝聚在一起的力量，是鼓舞成员团结奋斗的动力，也是督促团队成员的标尺，要注意用切合实际的目标凝聚人、团结人，调动人的积极性。

2. 健全团队管理制度　好的团队都应该有健全完善的管理制度规范，如果缺乏有效的制度，就无法成为纪律严明、作风过硬的团队。

3. 创造良好的沟通环境　有效的沟通能及时消除和化解领导与成员之间、各部门之间、成员之间的分歧与矛盾。因此，必须建立良好的沟通环境，以增强团队凝聚力，减少"内耗"。

4. 尊重团队成员　尊重是调动人的积极性的重要前提，尊重团队中的每一个人，尽量使每个人都能感受到团队的温馨。关心成员的工作与生活，将会极大地激发成员献身团队事业的决心。

5. 引导成员参与管理　每个成员都有参与管理的欲望和要求。正确引导和鼓励这种愿望，就会使团队成员积极为团队发展出谋划策，贡献自己的力量与智慧。

6. 增强成员全局观念　团结就是力量，团队成员不能计较个人利益和局部利益，将个人、部门的追求融入团队的总体利益中去，就能达到团队的整体目标。团队中成员之间的关系，一定要做到风雨同行、同舟共济，没有团队合作的精神，仅凭一个人的力量无论如何也达不到理想的工作效果，只有通过集体的力量，充分发挥团队精神才能使工作做得更加出色。

请你想一想

如果个人能力很突出，还需要培养团队精神吗？

（三）创新能力

创新是指以现有的思维模式提出有别于常规或常人思路的见解为导向，利用现有的知识和物质，在特定的环境中，本着理想化需要或为满足社会需求，而改进或创造新的事物（包括产品、方法、元素、路径、环境等），并能获得一定有益效果的行为。

创新能力是指技术和各种实践活动领域中不断提供具有经济价值、社会价值、生态价值的新思想、新理论、新方法和新发明的能力。

创新型人才应该养成独立思考、积极思考的习惯，再加上丰富的经验、广博的知识，有助于他们发现问题、提出问题，推动创新能力的发展。对于学生来说，只有具备创新能力，才能更好地适应快速发展的社会。创新能力的提升需要从以下几个方面入手。

1. 强化创新意识的教育　创新意识就是根据客观需要而产生的强烈的不安于现状、执意于创新创造要求的动力。有了创新意识才能启动创新思维，才能抓住创新机会，才能获得创新成果。

2. 增强创新思维的训练　思维具有时空的超越特性，这种超越性正是所有创意的来源。我们要从发散思维和聚合思维的结合中，训练自己的抽象思维；从形象联想和表象想象的结合中，训练形象思维；从直觉顿悟和灵感激发的结合中，训练灵感思维。

3. 注重创新能力应用的培养　创新能力不仅体现在吸取知识的能力上，还应体现在对周围事物的理解能力、应变能力和对未来知识的驾驭能力上。

4. 着力创新人格的塑造　创新人格是指创新人才的情感、意志、理想和信仰等综合内化而形成的全面发展的现代人格或者叫创业者人格。在创新人格的培养和塑造过程中，要在自学进取中培养自信，在战胜挫折中培养意志和在对待利益关系调整中树立正确的人生态度。

（四）沟通能力

沟通能力是指为了设定的目标，把信息、思想、感情在个人或群体之间进行传递，并达成协议的能力。人与人的沟通包括输出者、接受者、信息、渠道四个主要因素。沟通能力的提升需要从以下几个方面入手。

1. 培养兴趣爱好　在跟别人沟通的时候，经常有人会觉得没什么可说的，这就说明，两者之间没有共同的兴趣爱好或者生活没有相同的经历。这时候要做的就是多培养自己的一些兴趣爱好，这样跟别人交流的时候就可以找到更多的话题，交流起来也会更流畅。

2. 真诚沟通，用心交流　有了沟通的话题，就需要注意沟通的态度。跟别人沟通交流的时候一定要用心，让别人看到自己的真诚，别人才会愿意沟通交流。

3. 善于聆听，了解对方表达的意图　好的沟通，必须善于聆听。在认真听对方说话的时候，要在适当的时候给予回应，这样才能给对方说下去的信心，让对方说得更加顺利、舒畅，同时需要分辨话题的重点，知道对方想表达的意思，这样才能更好地与人沟通交流，培养自己的沟通能力。

4. 不要急于争辩，注意沟通风格　戴尔·卡耐基认为，在争辩的时候，十次有九次的结果是双方都更加坚定自己原来的看法是对的。没有一个人可以从争辩中获得胜利，因为假如自己辩输了，就是输了；但假如自己辩赢了，还是输了，因为自己把对方辩得体无完肤，最后证明对方错得一无是处，伤及尊严，只会让对方感到愤慨，不能让他信服，他的观点仍然不会改变。所以要改变一个人的想法，一定要先肯定他，这样才有机会改变这个人原本的思考。

5. 多与沟通能力强的人交流学习　多跟身边沟通能力强的人聊天，看看同样一个内容他们是如何表达的，说话的角度是怎么样的，用什么样的交流方式等。和他们沟通交流多了，就会学到他们的沟通技巧，然后多加练习，为自己所用。

6. 多站在别人的角度思考　与人交流，想让对方接受自己的观点，最重要的一点就是多站在别人的角度去思考，同样一句话，不同的表达往往有不同的效果，所以交流的时候一定要注意别人的感受。

> **请你想一想**
>
> 人际交往最重要的就是需要沟通，在和同学、朋友交往的时候如何培养自己的沟通能力？

7. 恰当地运用肢体语言　同样的肢体语言，如果是不同性格的人做出的，它的意义很有可能是不一样的。同样的肢体语言在不同的语境中的意义也是不一样的。中职生不仅要了解肢体语言的意义，还要学会运用肢体语言，从而培养自己的观察能力，善于从对方不自觉的姿势表情或神态中发现对方的真实想法。

（五）时间管理能力

时间管理能力是指通过事先规划和运用一定的技巧、方法与工具实现对时间的灵活有效运用，从而实现个人或组织的既定目标的能力。时间管理能力的提升需要从以下几个方面入手。

1. 坚持记录每日、每周需要完成的学习工作事项，做好学习或工作计划，思考在自己能力范围内哪些是可行的。

2. 将学习或工作等以重要性次序排列及处理，要成果先行，先做最具成本效益的学习工作。

3. 每日更新学习或工作的项目，定期检讨工作学习效率及目标，使计划能按部就班地完成。

4. 要完成的学习或工作马上去做，勿为自己寻找借口以延迟进度。

5. 合理分配时间，充分利用碎片化时间和块状化时间。碎片化时间比较短，可以进行查看资料等短暂的学习工作；块状化时间相对较长，可以进行阅读、思考等深度化的学习工作，不管是碎片化时间，还是块状化时间，都需要进行有效的规划和充分利用。

你知道吗

时间管理的十一条金律

1. 明确自己的价值观　确立个人的价值观，知道什么对自己最重要。

2. 设立明确的目标　让自己在最短时间内实现想要的目标。

3. 改变自己的想法　两种对待时间的态度："这件工作实在讨厌，所以能拖就拖"和"这件工作实在讨厌，马上完成早点摆脱它"。

4. 遵循 20∶80 定律　成功者花最多时间做最重要的事，而不是最紧急的事。

5. 安排"不被干扰"时间　有一个小时完全不被干扰，可以抵过一天的工作效率。

6. 严格规定完成期限　有多少时间完成工作，工作就会变成需要多少时间。

7. 做好时间日志　把花的时间记录下来，会发现浪费了哪些时间。

8. 理解时间大于金钱　用金钱换取别人的成功经验，会节省很多时间。

9. 学会列清单　把要做的事情都写下来，随时明确自己的任务。

10. 同一类的事情最好一次把它做完　重复做一类事情时，熟能生巧，效率会提高。

11. 每 1 分钟、每 1 秒做最有效率的事情　要做好一份工作，分配时间做最有效率的事情。

二、提升通用技能的途径

（一）当前学生存在的主要问题

1. 基本工作能力较差　基本工作能力包括适应环境的能力、组织管理能力、沟通表达能力、团队协作能力、外语和计算机运用能力及从事实际工作必需的思想素质和心理素质，如爱岗敬业、吃苦耐劳、乐观自信、诚实守信等。基本的工作能力、良好的职业道德、职业意识和职业精神是学生作为社会人、单位人应该具备的基本素质，是用人单位挑选学生的首要标准。在这些方面，近些年来很多学生缺乏对岗位应有的热爱与理解，思想素质和心理素质都有待提高，适应职业岗位需要的时间较长，明显缺乏应有的基本工作能力。

2. 综合能力素质有待提高　信息收集与处理能力、准确定位能力、抓住机遇的能力、沟通表达能力、自我决策能力、自我推销能力、自我保护能力等，是决定学生能否实现劳动者和生产资料的结合，达到人职匹配的重要因素。但是，不少学生缺乏这样的能力，比如在应聘时，一些学生没有掌握相应的应聘技巧与策略，缺乏基本的表达与沟通能力，常常导致应聘失败。

3. 实践经验和动手能力等严重不足　经调查，很多学生在实践经验、动手能力、分析问题和解决问题的能力、学习能力、创新能力等方面存在严重的不足。

（二）提升通用技能的途径

1. 充分利用学校的课程安排学习　学生应充分利用学校的课堂资源，积极参与课程学习，从而系统全面地掌握专业知识和技能，同时利用课余时间进行知识"反刍"，根据自身记忆、个人理解、以前的知识积累，进行加工整理，对新旧知识进行组合联系，形成新的知识技能，构建自己最优化的专业技能和通用技能结构。

2. 积极参加校园文化活动　校园文化活动是在教学计划之外，引导和组织学生开展的各种健康有意义的文化活动。它包括政治性的、学术性的、知识性的、健身性的、娱乐性的、公益性的活动等。学生积极参加校园文化活动，可以学到许多课堂上无法学到的知识和技能，如校园内形式多样、内容各异的学术讲座、比赛、第二课堂、社团活动等。

3. 广泛参与社会实践　实践是检验真理的唯一标准，合理的知识技能结构不仅是理论知识的有效积累，也是实践经验的结晶。学生应深入社会参与专业技能实习，吸取前人的经验知识，理论联系实际，在实践中不断增长才干，从而完善自己的知识技能结构。学生应充分利用毕业实习和假期见习的机会，多和实习见习单位的上司同事等交流，学习他们在某些方面的知识和经验。向前辈和同事学习，可以最大限度地利用资源，在最短的时间内学到最有用的职业知识和通用技能。

4. 充分利用互联网等媒体获取知识技能　现在科学技术飞速发展，单纯的书本教材所能提供的知识技能容量和视野都有限，作为印刷体，它很难及时反映本学科领域的最新成果和发展，大量购买书籍往往又超出大多数学生的经济承受能力，借阅参考资料也未必能够及时得到满足。随着信息技术的发展，学生可以利用多种媒体，比如电视、校园网、互联网等渠道获得知识和技能。不同媒体有不同的时效性，将它们科学地结合起来，就能够获得丰富的知识技能和最新的信息资料。对于数字型媒体所提供的资料信息，通过检索手段能够提高查找能力，提高查找效率，更能准确地获取各种专业的和通用的知识技能。

5. 参加课外业余培训　可以利用业余时间去参加社会上的一些培训机构举办的相关技能培训，从而获得自己迫切需要的职业技能。这是一种很实效地获得职业技能的途径，在获得技能同时，还能获得相关部门颁发的资格证书，可以为将来的就业增加一些筹码。

第三节　提升个人职业素养

实例分析

实例　某公司要裁员，内勤部的小灿和小燕，被要求一个月后离岗。第二天上班，小灿情绪仍然很激动，什么也干不下去，一会儿找同事哭诉，一会儿找主任申冤，工作全扔在一边，别人只好替她干。而小燕呢，也哭了一晚上，可是难过归难过，工作时间她依然认真工作，尽职尽责。

一个月后，小灿如期下岗，而小燕却被从裁员的名单中删除。主任当众宣布了老总的话："小燕的岗位谁也无法代替，有责任感的人公司永远也不会嫌多！"

问题　案例中，小灿和小燕都被列入了裁员名单中，为什么一个月后小燕却留下来了？

职业素养是做好本职工作的前提，一般来说，劳动者能否顺利就业并取得成就，在很大程度上取决于本人的职业素养，职业素养越高的人，获得成功的机会就越大。

一、职业素养的内涵

职业素养是从业者在职业活动中表现出来的综合品质，主要呈现为从业者遵循职业内在要求，在个人世界观、价值观、人生观和具有的专业知识、技能基础上表现出来的作风和行为习惯。

1. 爱岗敬业　是做好工作的根本，是职业生涯中创造佳绩的前提。学生应当将爱岗敬业精神变为一种习惯、一种做人做事的品质，在平凡的岗位上做出不平凡的成绩，最终才能成就一番事业。

2. 恪守责任　任何一项工作，无论多么艰难，只要认真对待，就能取得成功。世界上没有做不好的工作，只有做不好工作的人，只要认真去做，用负责任的精神投入其中，任何工作都可以做精做好。

3. 忠于职守　企业在衡量一个员工是否可用时，都会将忠诚置于职业素养的首位。他们知道，只有忠诚的员工，才会使企业效益增大，才能提高企业的凝聚力和竞争力，才能让企业在市场竞争中立于不败之地。

4. 团结协作　当今职场，只有懂得团结协作的人才是具有竞争力的人。一个人的能力是有限的，只有通过团队协作，才能实现共同进步，只有具备团队协作精神的员工才是企业发展的原动力。

5. 业绩说话　对于企业或组织来说，业绩是证明自己能力的硬道理。业绩在一定程度上是检验优劣的标准，是证明能力和价值的尺度。一个企业或者一个人是否优秀，关键要看其所创造的业绩。只有每一个人的业绩都突出，集体的业绩才能突出，集体和个人才能赢得更好的发展。

6. 创新工作　当今社会，科学技术日新月异、知识信息快速更新，仅仅靠勤奋工作是不够的，还需要聪明地工作、创新性地工作，后者甚至比前者更重要。

7. 感恩工作　感恩是每一个员工必备的职业素养，以一种感恩的心情工作时，就会工作得更愉快、更出色。

8. 微笑工作　微笑也是一种职业素养，是每个学生都应该学习和具备的一种修养、一种气质、一种风度、一种正能量。

9. 诚信工作　不信不立，不诚不行。诚实守信是取得事业成功的必备美德。诚信比其他品质更能深刻地表达人的内心。作为新一代学生，职业生涯中为人处世，做事立业，诚信二字要谨记于心、落实于行。

10. 高效执行　"执行"即是"做"，对执行力通俗的理解是"执行并完成任务的能力"。服从是执行力的具体表现，是每一个从业者必须具备的基本职业素养。服从是第一执行力，学会服从，才能成为一个优秀的执行者。

22 种决定成功的积极心态

主动：成功的人总是主动作战而不是被动应战。

热情：成功者时刻充满热情，任何时候都斗志昂扬。

爱心：成功者对身边的人和这个世界充满爱心。

学习：成功者永远不断学习并成为一种习惯。

自信：成功者永远坚信自己能够达成目标。

自律：成功者能够很好地克制自己。

顽强：成功者面对逆境时永不退缩。

坚持：成功者决不半途而废。

认真：认真是做好所有事情的前提。

迅速：成功者永远比他的对手更快。

乐观：成功者能够笑对一切。

创新：成功者总在不断地创新。

真诚：成功者永远真诚待人。

负责：成功者永远把自己当作一切问题的根源。

决心：成功者永远志在成功。

豁达：豁达是成功者永远的心境。

勤奋：每一个成功者都是勤奋的人。

谦虚：谦虚是每个成功者的美德。

企图心：成功者永远企图着成功。

日清日新：当日事当日毕，每日都有目标、有结果。

团队精神：没有完美的个人，只有完美的团队。

全力以赴：成功者总是竭尽全力达成自己的目标。

二、个人素养对职业发展的影响

1. 个人素养是影响学生就业的重要因素　学生的专业技能是获得工作和胜任岗位的重要因素，但对于刚毕业的学生，能否被企业所接纳和认可，职业道德、职业意识、职业心理等素养也是企业最看重的。个人素养是学生完善自我和超越自我的必经之路。在市场经济条件下，岗位的变迁和技术的更新很快，但企业对个人素养的要求是始终如一的。

2. 优秀的个人素养有利于提高学生的就业竞争力　就业竞争力是指学生在教育过程中形成的、在其择业过程中独有的、既能满足社会和用人单位对人才的需求，又能在就业岗位上发挥和发展的能力。个人素养对提高学生的就业竞争力具有十分重要的作用，虽然不同职业对从业者的要求不同，但各个行业对个人素养的要求是一致的。

3. 个人素养对学生适应企业、社会和职业发展至关重要 学生进入社会后，角色发生改变，而角色定位对个人素养有着较高的要求。一方面职业角色需要有较强的敬业精神、奉献品质、规则意识以及服务观念等。另一方面社会角色则要求学生走上社会后能尽快融入社会。随着信息时代的来临，学生的社会化进程大大加快，社会特性更加明显，只有具备较强的适应能力，满足企业和社会的需要，才能促进自己的职业发展，在事业上取得成功。

三、提升个人职业素养的途径

1. 尽早进行职业生涯规划，确立职业理想 学生应结合自身专业、特质、兴趣和特长尽早进行职业生涯规划，确立职业理想，学会探索、规划、发展自己的职业生涯，成就自我。

2. 重视学校学习，提升综合素质 充分利用课堂学习，强化实训实践，要掌握专业知识和技能，更要掌握学习的方法，学会学习，树立终身学习的意识。善于学习是培养能力的基础，实训实践是培养和提高能力的重要途径。积极主动参加各种校园文化活动，发展兴趣，提升自身综合素质。

3. 积极参加社会实践，提升职业素养 社会实践是检验学生学习技能、寻找差距、提升个人能力非常好的一种手段，还可以直接在真正的岗位实践中培养职业技能，积累实践经验，为顺利地走向工作岗位打下坚实的基础。

目标检测

一、选择题

1. 专业技能是职业能力的（　　）。
   A. 核心　　　　　　B. 基础　　　　　　C. 目标　　　　　　D. 工具
2. 下列不属于通用技能的是（　　）。
   A. 学习能力　　　　B. 团队精神　　　　C. 专业能力　　　　D. 创新能力
3. 下列不属于学习能力的是（　　）。
   A. 感知观察能力　　B. 记忆能力　　　　C. 阅读能力　　　　D. 组织能力
4. 下列不属于学习能力具体表现的是（　　）。
   A. 如何学　　　　　B. 学习的时间　　　C. 怎样学　　　　　D. 学习的效果
5. 团队精神的基础是尊重个人的（　　）。
   A. 知识和能力　　　B. 兴趣和爱好　　　C. 兴趣和成就　　　D. 兴趣和能力
6. 创新能力是指技术和各种实践活动领域中不断提供具有（　　）的新思想、新理论、新方法和新发明的能力。
   A. 经济价值、社会价值、生态价值　　　B. 经济价值、文化价值、社会价值
   C. 文化价值、生态价值、社会价值　　　D. 经济价值、文化价值、生态价值

7. 创新型人才应该养成（　　）的习惯。

A. 独立分析和积极分析　　　　　　B. 独立解决和积极解决

C. 独立想象和积极想象　　　　　　D. 独立思考和积极思考

8. 人与人的沟通包括（　　）等四个主要因素。

A. 输出者、接受者、信息、场地　　B. 输出者、接受者、信息、渠道

C. 输出者、时间、信息、渠道　　　D. 输出者、接受者、信息、时间

9. 沟通能力是指为了设定的目标，把（　　）在个人或群体之间进行传递，并达成协议的能力。

A. 意识、思想、感情　　　　　　　B. 信息、意识、感情

C. 信息、思想、意识　　　　　　　D. 信息、思想、感情

10. 职业素养是从业者在（　　）中表现出来的综合品质。

A. 职业活动　　　B. 择业活动　　　C. 能力培养　　　D. 素质培养

二、思考题

1. 作为职业学校学生，专业技能学习非常重要，通过本章学习，你认为应该如何提升专业技能？

2. 小明平常学习非常努力，学习成绩也非常好，但是做什么事情他都是一个人独来独往，不与同学合作，你觉得他这样好吗？如果不好，他应该怎么做？

书网融合……

　🅔 微课　　　　　📄 自测题

PPT

第六章　求职准备

学习目标

知识目标

1. **掌握**　就业信息搜集的方法及个人简历的制作原则。
2. **熟悉**　就业信息搜集的原则和渠道。
3. **了解**　求职心理调适的方法。

能力目标

1. 学会正确筛选和利用真实有效的就业信息。
2. 学会制作个人求职简历。

第一节　搜集就业信息

实例分析

实例　孙阳是某医药职业学校的学生，临近毕业前的几个月，仍然整天沉迷于网络游戏，到5月份时，得知身边的同学已手握好几个单位的就业意向书，他心急如焚。

一天，他听同学说本市周六有场大型的招聘会，有近百家知名医药企业面向毕业生提供近千个就业岗位。孙阳听后很欣喜，希望自己能在招聘会上觅得"良主"。可是到达会场后，孙阳才发现只不过是一些名不见经传的小公司，而且绝大多数都是要求有2年以上工作经验的，真正适合他的单位和岗位屈指可数。他逛了半天后终于找到一个比较对口的医药公司，招聘人员粗略看了孙阳递上去的简历后告诉他周六可以到她们公司面试。接着要求他交50元面试费。孙阳求职心切，立马交费。

周六，孙阳如约到公司面试，自称经理的男子随便问了几个问题后，就表示他已被录用并与他签了协议，同时又要求他交了300元的培训费。孙阳到了约定时间去上班时，发现早已人去楼空，他一下子懵了。回学校上网查了一下该单位资料，发现这个公司根本不存在……

问题　1. 孙阳求职为何会上当受骗？

2. 你认为就职前应该做好哪些方面的准备工作？

就业信息是指通过各种媒介传递的有关就业方面的消息和情况，如就业政策与形势、人才供需情况、招聘活动及用人信息等。在现代社会中，就业顺利与否不仅受毕业生的知识、能力、综合素质等因素的影响，而且受毕业生搜集、处理、利用就业信息情况的影响。因此，对求职择业的毕业生来说，搜集更多、更有效的就业信息，才能赢得更多的择业主动权。

一、就业信息包含的内容

就业信息范围广泛、覆盖面宽，主要包括以下内容。

1. 就业政策 就业具有很强的政策性，毕业生在就业过程中必须了解国家有关的就业政策法规，了解各个地区不同的就业政策，以此帮助自己做出正确的就业取向。

2. 经济发展趋势 毕业生就业既受一定时期国际国内的整体经济形势、劳动力市场基本状况等宏观经济因素影响，也受所学专业所属产业、行业和对应职业的人才供求情况等微观经济因素影响，而且这些因素都处在不断变化中。毕业生只有时刻关注经济发展趋势，因时制宜地进行择业决策并采取相应行动，才有可能在就业中处于主动地位。

3. 招聘信息 即用人单位和招聘岗位的情况。具体的用人单位和工作岗位是毕业生就业最终的落脚点，毕业生只有掌握这些信息才可能求职成功。用人单位的情况包括其全称、性质、业务范围、地理位置、历史沿革、企业文化发展前景等；招聘岗位的情况包括岗位名称、工作职责与内容、工作地点与环境、薪酬、晋升空间和应聘要求等。

> **请你想一想**
>
> 新冠肺炎疫情过后，医药行业将会发生哪些变化？这对医药行业人员就业会有哪些影响？

二、就业信息搜集渠道

搜集就业信息的渠道有很多，主要包括以下七类。

1. 学校就业指导服务中心 是负责为应届毕业生提供就业信息、就业辅导和咨询的职能部门，该部门与中央有关部委和各省市的毕业生就业主管部门以及相关用人单位保持着密切的联系，国家有关的就业政策、地方的相关规定、各地举办"双选"活动的信息、用人单位的需求信息等都能及时掌握，这里获取的就业信息具有准确、可靠、多样、具体的特点，是毕业生获取就业信息最直接、最有效、最主要的来源。

2. 各类就业信息网站 通过网络搜索、查询就业信息正在成为毕业生获取就业信息的一个重要途径。一般来说，在互联网上找工作可以通过以下几种方式：去专门从事人才交流的网站；直接登录单位网站，查看招聘信息。这种方式最大的优点是可以使求职者"足不出户"，在极短的时间内即可得到全国的人才需求信息。

3. 各级各类招聘和双向选择活动 我国建立了各级人才市场，也诞生了许多中介机构，通过这些途径毕业生可以了解到更多的招聘信息和职位。而"双向选择""供需见面会"旨在组织毕业生与用人单位直接见面。在这种活动中，不仅可以直接获取就业信息，甚至可以当场签订就业协议，比较简捷有效。

4. 社会上的传播媒介 各类单位和组织都可以通过广播、电视、报纸、杂志等介绍就业政策、招聘信息、企业的现状、发展前景及人才需求情况，求职者可以从中获取就业信息。

5. 社会关系 通过自己的老师、校友及分布在社会各领域的亲朋好友了解社会招聘信息，针对性更强，且求职成功率较高。由于介绍人对用人单位和求职者双方的情况都比较了解，在一定程度上可起到引荐或疏通作用，因此，这是一条不容忽视的渠道。

6. 校企合作实习、社会实践、业余兼职 求职者通过社会实践、毕业实习或业余兼职的机会建立与有关单位的联系，可以直接掌握部分就业信息，以此被单位直接留用从而实现就业。

7. 自荐求职 这种方式要求求职者"普遍撒网"，向自认为适合的用人单位递交自荐信、电话联系、网络沟通、登门拜访等，这种"毛遂自荐"的方式也是获取就业信息并获得就业成功的途径之一。

三、就业信息搜集方法

1. 全方位搜集法 即搜集与专业所有相关联的就业信息，再按一定的标准进行整理和筛选。这种方法获取的就业信息广泛，选择余地大，但比较浪费时间和精力。

2. 定向搜集法 即根据自己的职业方向和求职的行业范围来搜集相关的信息。这种方法是以个人的专业方向、能力倾向和兴趣特长为依据，具有一定的科学性和导向性。但缺点是当选定的职业方向和求职范围过于狭窄时，如选定的职业范围是竞争激烈的"热门"工作时，很可能给自己下一步的择业带来困难。

3. 定区域搜集法 根据个人对某个或某几个地区的偏好来搜集信息，而对职业方向和行业范围较少关注和选择。这种重地区、轻专业方向的信息收集法，也可能由于所面向地区的狭小和"地区过热"而造成择业困难。

四、就业信息的处理原则

一般来讲，处理就业信息时，应遵循以下原则。

1. 针对性原则 求职前毕业生根据自己的职业发展目标和方向，结合专业特长、性格、兴趣、能力因素综合考虑选择适合自己的职业或岗位，然后有针对性地收集和选择相关就业信息，做到有的放矢、事半功倍。

2. 全面性原则 就业信息往往是以分散、零碎的形式存在，因此需要对搜集到的信息进行筛选、加工，形成一个能系统反映当前就业市场、就业政策、就业动向的就业信息链，然后再根据自己的求职目标锁定具体单位的相关信息，以便更好地进行参照比对和择业分析。

3. 科学性原则 毕业生在择业过程中需要掌握的就业信息很多，一定要分清主次轻重。对于重要的就业信息，必须通过正规的渠道来获取。例如，对于就业政策信息，可从政府机构和学校就业主管部门获取，并时刻关注最新动态；对于就业方法与技巧，可从优秀教材、就业指导课、权威专家处获取，并注意活学活用。

4. 真实性原则　真实性是就业信息收集的前提条件。网络时代，面对海量的就业信息，毕业生必须具有一定的甄别能力，去粗取精，去伪存真。如社会上存在一些非法的中介机构，借招聘名义骗取报名费、培训费以及风险抵押金等；还有一些非法传销组织以招聘为借口骗学生加入传销组织，从而使其人身、财务遭受很大的损失。

你知道吗

具有以下特征的就业信息，很可能是虚假的或具有欺骗性的，毕业生应注意防范。

1. 公交车站、街头路边、校园墙壁等一些公共场合胡乱粘贴的招聘小广告，特别是高薪招聘的广告。

2. 门槛很低但薪酬很高的招聘信息。

3. 要求毕业生交一定费用作为工作保证金的招聘信息。

4. 莫名而来的就业机会。一些"公司"在网络上搜集毕业生的个人信息，然后主动通知毕业生面试，并以此施以行骗、抢劫等，毕业生异地求职时应该多加提防。

5. 不透露单位名称的招聘信息。例如：有的招聘信息在署名处使用"某公司""某单位"等字眼，所提供的单位基本信息不完整等。

第二节　制作求职简历

实例分析

实例　小明参加校内举办的简历撰写讲座，开始前主讲老师拿出自己的手机，对着台下的同学拍了一张合影，然后用笔记本把照片投到了大屏幕上，然后问台下的同学："各位同学，这张合影里面你们会先看谁？"小明和其他同学一样大声地回答："自己。"

"为什么呢？"老师问道。

"因为只认识自己，想看自己拍得怎么样。"学生回答。

"是的。"主讲老师说道，"在这么多合影中，你们都会找自己看，因为你们只关注自己感兴趣的。同样，人事在看一份简历的时候，也会像你们看照片一样，去找那些自己感兴趣的亮点。"

问题　1. 求职者写简历的目的是什么？

　　　　2. 你认为 HR 最想看到简历中的哪些亮点？

选择有效就业信息后，下一步的任务就是向心仪的用人单位投送简历。求职简历是用于应聘的书面材料，它是让用人单位全面了解自己，向未来的雇主证明自己能够解决他的问题或者满足他的特定需要，从而为自己创造面试的机会。

一、求职简历的重要性

据统计，在美国，平均一个职位会有 200 人投递简历，其中 100 份是合格的；在北京，平均一个职位会收到 1000 封求职信，其中 200 封是合格的。据某网站统计，规模较大的企业一般每周要接收 500 ~ 1000 份电子简历，其中 80% 在管理者浏览不到 30 秒后就被删除。要让别人在半分钟内通过一份简历对自己产生兴趣，其难度与跟用人单位直接见面相比难得多，因此，制作一份优秀的求职简历是迈向成功的第一步。

二、求职简历的基本要素

简历的基本要素包括个人基本信息、求职目标、教育背景、工作背景、奖惩情况及技能等。

1. 个人基本信息　一般要写明姓名、性别、出生年月、联系地址、联系电话等基本情况，其他的可根据招聘单位要求而定。姓名好比个人品牌，为推销自己，要把名字放在最显眼位置；照片可根据雇主要求和岗位内容选择一张可以体现适合岗位的照片。

2. 求职目标　描述不能模糊，尽可能针对应聘公司的岗位书写，越具体越好。

3. 教育背景　是证明自己能力的一个重要方面，学生求职应将教育背景放在最醒目的位置，采用倒序的方法写自己的受教育情况。重点写学校、毕业时间、专业、主修课程、成绩等。

4. 实践经历

（1）学校实践经历　包括在学校的各种社团、协会的任职及参加或主持过的活动。

（2）单位公司实习经历　重点写在单位实习时与应聘职位相关的工作经历。包括做了什么，获得了哪些工作经验，并用数据说明个人成果等。

（3）培训经历　如果在求职之前参加了很多培训，那么可重点写与应聘的职位相关的培训经历。比如应聘销售职位，就要突出自己的销售培训经历等。

5. 奖励情况　列举奖项一定要强调这个奖项的意义和难度，突出获奖的含金量。

6. 技能

（1）英语能力　在简历中列出最能反映英语水平，尤其是口语水平的成绩或证书。如全国英语竞赛一等奖、英语演讲一等奖等。

（2）计算机能力　在描述自己的计算机能力时尽量不用"熟悉""了解"等词语，而是突出自己对某个软件的熟练使用，或标明计算机等级等。

7. 其他能力　对于工作经验比较少的求职者，掌握的一些技能和关键技术即成为有力的能力证明。

8. 爱好特长　与应聘职位相关的具体爱好和特长可进行说明。

9. 自我评价　一般不属于必选项。如果要写的话可用真实客观的语言适当地对自己的性格和专业知识、特长进行评价。

吸引 HR 眼球的求职简历

一、以"精简"为"卖点"

好的简历都是十分有条理地列出要害，页面看起来很洁净、有视觉冲击作用。把以前的工作经验尽量量化表示，比如"减少了 1/3 的运营成本"。HR 最难以接受的是繁复的简历，成堆的文字和条理的不清晰，这对于一天要阅读上百份同样类型简历的 HR 来说，简直是一种折磨。

二、知己知彼，清楚对方想要什么

招聘者对理想的应聘者也有要求，如相应的教育背景、工作经历以及技术水平，这会是应聘者在新的职位上取得成功的关键。应聘者应该符合这些关键条件，这样才能打动招聘者，并赢得面试的机会。同样，简历中不要有其他无关信息，以免影响招聘者的看法。

三、显示稳定度和生涯规划方向

尝试将短期的工作，包装为"两座阶梯之间的休息点"，说明它如何连结前后两份工作，这会使自己看起来像是"故意"离开原先的工作，尝试不同领域的历练。通常，也可以花点心思在履历表上安排过去的工作经验，让对方觉得求职者过去的经验很符合目前这份空缺职位的需要。

四、荣誉、奖励和课外活动可体现与众不同之处

千万别忘了提到自己得过的荣誉和奖励，课外活动经历也很重要，特别是工作的内容和最终结果。

求职简历范例见表 6-1、表 6-2、图 6-1。

表 6-1 求职简历范例一

基本信息				
照　片	姓　　名		性　　别	
	出生日期		民　　族	
	政治面貌		婚姻状况	
	现所在地		籍　　贯	
联系电话		电子邮箱		
求职意向				
教育经历				
起始时间	学校名称		专业	学历

续表

实习及实践

起始时间	单位名称	工作岗位及职责	工作业绩

获奖情况

时　间	获奖名称

技能证书

证书名称	证书颁发机构	培训时间	培训机构名称	培训内容

自我评价

表6-2　求职简历范例二

姓　　名：×××　　　　　　　　　　性　　别：男
民　　族：汉族　　　　　　　　　　政治面貌：团员
学　　历：中专　　　　　　　　　　专　　业：药品经营与管理
联系电话：×××××
联系地址：××市××区×大街10号
邮编：100007
E-mail：××××××
求职目标：销售代表

教育背景
毕业院校：×××医药学校（2017.9~2020.6）
所学课程：管理学、市场营销学、消费心理学、市场调查、商务谈判、推销原理市场信息学、现代广告学、市场营销策划、新产品开发管理。

个人技能
1. 英语通过国家三级考试，具备较好的英语听说读写能力。
2. 具备C1驾照。

实习及实践经历
2018.7~2019.3　××医疗器械公司销售代表，负责公司产品在××地区的销售，制订季度销售计划，拓展客户群并保持良好合作关系，跟踪销售情况，完成预计销售目标。
2020.1~2020.6　××电子技术公司担任见习销售经理，负责本部销售计划的制定与执行，及时收集销售情况并反馈给销售总部，组织部门销售人员的培训学习，拓展客户群，完成预计销售目标。

获奖情况
2018.6　与团队成员创立的"益笑园"项目获得学校第四届大学生创新创业大赛二等奖。
2018.12　参加校园职业生涯规划大赛获得三等奖。

自我评价
性格开朗，积极上进，对待工作认真负责，具备良好的沟通能力，亲和力，喜欢接受各种挑战，热爱学习，具有很强的自学能力和良好的学习方法。

刘**

性　别：女　　　　　　年龄：×岁
出生年月：1999年11月　　电话：187*********
联系地址：湖南省长沙市××街1号

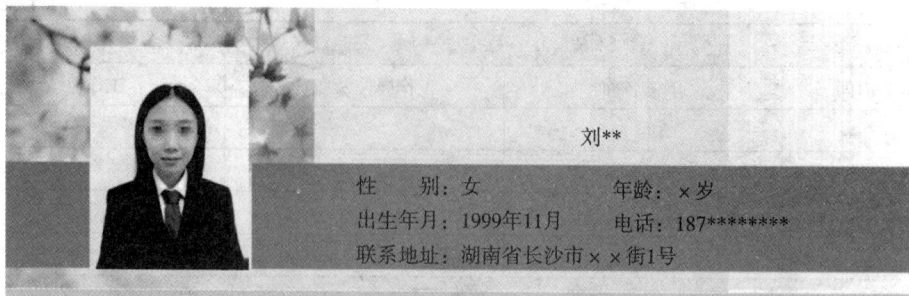

求职岗位：销售代表

教育经历

2018.9-2020.6　湖南湘麓职业学校　中专　药学

主修课程：基础化学、药物化学、药物分析、药剂学、药理学、仪器分析、生物化学、临床医学概论、病原微生物、中医药基础、医药市场营销实务等。

在校经历

2018.10-至今

在校担任宣传部长期间，曾组织学生举办并参选院团会联评活动；协调校团委各部门工作，曾协助校团委文体部、组织部组织多项大型赛事活动；曾组织院学生会成员开展干部培训工作。

2019.4-2019.12

暑假期间参加娃哈哈集团有限公司开展的营销大赛，前期进行了产品市场消费、网购习惯的调查，负责调研方案撰写、报告撰写和报告PPT的制作，撰写有10页共5000字的报告，掌握了市场调研方法和娃哈哈产品的消费习惯和消费心理，在此活动中获得营销大赛一等奖。

荣誉证书

2019.4　获学校第十六届技能大赛化学实验操作竞赛一等奖。
2019.6　在"挑战21天，养成好习惯"活动中被评为优秀个人。
2019.9　获国家三等励志奖学金及校级二等奖学金。

相关技能

获计算机二级证书，能熟练使用Excel、Flash、PowerPoint等软件操作；
通过英语三级考试，能进行简单的英语交流。

自我评价

本人乐观向上，兴趣广泛，适应能力强；为人诚实、可信、热情，心理承受能力较强；关于与人沟通，能积极有效地建立沟通渠道，协调内外部关系。

图 6-1　求职简历范例三

三、求职简历的撰写注意事项

1. 简短　个人简历不要太长，一般应届毕业生的个人简历用一页 A4 纸完成即可，简历中不要出现大段文字。

2. 清晰　简历应一目了然，确保简历的阅读者一眼就能看到他们需要的信息；要使用简单、清晰易懂的语言，而不要写一些高深莫测的语言；尽量不使用缩略语或学生中流行的时髦词汇；打印时应选择合适的字体和字号，切忌标新立异。

3. 完整　简历中的关键信息要齐全，如个人资料里的联系方式，包括手机号码、暂住家庭地址、邮箱等，特别是与目标岗位相关的有意义的经历或经验绝不能漏掉。

4. 准确　语言表达要清楚、准确、规范、精练，尽量做到无错别字、语法和标点符号方面的错误。

5. 整洁　打印简历时最好用激光打印机打印，不要使用效果不佳的油印或复印，注意保持简历的干净整洁。

6. 真实　撰写简历时既不能夸张（自负），也不能消极地评价自己（过分谦虚），更不能编造，而应客观真实地介绍自己的相关情况。

> **请你想一想**
>
> 假如你是 HR，你最不喜欢的是哪种类型的简历？为什么？

四、求职简历的制作技巧

1. 研究招聘广告，有针对性地制作简历　招聘是有针对性的，应聘者要"对症下药"。简历与招聘广告中体现出来的信息应该是匹配的，简历中的个人技能与岗位要求应该吻合。

2. 掌握写作技巧，灵活调整简历结构　针对性越强的简历越容易得到用人单位的关注和认可。可以采用"多模块法"，即修改不同模板以匹配职位需求，步骤如下。

（1）制作各大类职位的简历模板（管理/技术）。

（2）针对具体公司的职位进行修改。

（3）分析自己的优劣势，对各类职位有所侧重。

（4）针对不同公司的同类职位进行修改。

（5）了解不同公司的业务范围、所服务的客户、企业文化等。

（6）进一步分析职位描述，着重修改工作和实习经验。

3. 掌握合适性原则，适度表现个人能力　用人单位是在寻找最合适的人，而非最优秀的人，所以，在简历中一定要注意"投其所好"，有针对性地筛选出各种有效信息。

第三节　掌握求职礼仪及面试技巧

实例分析

实例　毕业生小周向一家医药公司投送了简历，应聘职位是客户服务代表。该公司招聘者在问了几个简单问题后，微笑着对小周说："你的条件非常适合这份工作，公司会尽快通知你参加复试。"

回到学校，小周正在吃饭，手机突然响了。"喂，谁啊？"小周放下筷子开口问道。"您好！请问是舒兰吗？"电话的另一端传来温柔的声音。"你打错了！"小周没好气地回答。"那您是谁呢？"对方接着问。小周心想，真是太讨厌，打错了还纠缠不休，于是生气地说："我姓周。你这人是不是有毛病啊，明知打错了还问！""噢，是小周吗？对不起，我打错了。"

3 天后，那家医药公司还没通知小周去复试，于是小周打电话给医药公司询问情况。该公司的招聘者说："我们已经通过电话面试过你了，你已经被淘汰了。你应聘的岗位是客户服务代表，这个岗位要求要善于倾听，有耐心，有礼貌，这样才能和客户进一步交流，更好地为客户服务。"这时，小周才如梦初醒。

问题 1. 小周求职失败的主要原因是什么？

2. 面试中，面试官主要考察了应聘者的哪些方面？

面试是通过书面、面谈或线上交流（视频、电话）的形式来考察一个人的工作能力与综合素质，通过面试可以初步判断应聘者是否可以融入自己的团队，是一种经过组织者精心策划的招聘活动。在特定场景下，以面试官对应聘者的交谈与观察为主要手段，由表及里测评应聘者的知识、能力、经验和综合素质等有关的考试活动。

一、面试形式和内容

（一）面试的形式

1. 问题式 由招聘者按照事先拟订的提纲对求职者进行发问，通过回答判断其解决问题的能力，从而获得有关求职者的第一手资料。

2. 专场式 由公司组织专场招聘会，由公司面试官代表对多位甚至大量应聘者进行海选，从中选出符合公司要求的多位应聘者之后进行的面试，此方式适用于对应聘者的初筛，例如校招专场。

3. 压力式 由招聘者有意识地对求职者施加压力，就某一问题或某一事件作一连串的发问，详细具体且追根问底，直至无以对答。此方式主要观察求职者在特殊压力下的反应、思维敏捷程度及应变能力。

4. 随意式 招聘者与求职者海阔天空、漫无边际地进行交谈，气氛轻松活跃，双方自由发表言论，各抒己见。此方式的目的是在闲聊中观察应试者的谈吐、举止、知识、能力、气质和风度，对其做全方位的综合素质考查。

5. 隐蔽式 招聘者主要通过暗中观察应试者的言行举止来决定对其的评价，此种方式可以反映应试者在自然状态下的真实表现。

6. 综合式 招聘者通过多种方式考察求职者的综合能力和素质，如用外语与其交谈，要求应聘者即时作文、即兴演讲或操作计算机等，以考察其外语水平、文字能力、书面及口头表达等各方面的能力。

7. 情景式 由招聘者事先设定一个情景，提出一个问题或一项计划，请应试者进入角色模拟完成，其目的在于考核应试者分析问题、解决问题的能力。

8. 无领导小组讨论式 是经常使用的一种测评方法，采用情景模拟的方式对考生进行集体面试。无领导小组通过一定数目的考生组成一组（6~9人），进行1小时左右与工作有关问题的讨论，讨论过程中不指定谁是领导，也不指定受测者应坐的位置，让受测者自行安排组织。评价者观测考生的组织协调能力、口头表达能力、辩论的说服能力等是否达到拟任岗位的要求，以及自信程度、进取心、情绪稳定性、反应灵活性等个性特点是否符合拟任岗位的团体气氛，由此来综合评价考生之间的差别。

（二）面试的内容

面试的内容是指面试时需要测评应聘者的基本素质内容，主要包括以下方面。

1. 仪表风度　这是指应聘者的体型、外貌、气质、衣着举止和精神状态等。

2. 专业知识　主考官往往会对应聘者提一些专业方面的问题，以了解应聘者掌握专业知识的深度和广度，考查其专业知识是否符合所要录用职位的要求。

3. 实践经验　一般面试官会根据应聘者的个人简历或求职登记表进行相关的提问，了解应聘者的有关背景及实习实践经历。通过对实践经验的了解，考查应聘者的责任感、主动性、思维能力及遇事的理智状况等。

4. 口头表达能力　主要是看面试中应聘者能否将自己的思想、观点、意见或建议顺畅地用语言表达出来，考查应聘者语言表达的逻辑性、准确性、感染力等。

5. 综合分析能力　主要是看面试中应聘者是否能对主考官所提出的问题通过分析抓住本质，并且说理透彻，分析全面，条理清晰。

6. 反应能力与应变能力　主要是看应聘者对主考官所提的问题理解是否准确贴切，回答是否迅速、明了；对于突发问题的反应是否机智敏捷等。

7. 人际交往能力　面试中主考官往往通过询问应聘者经常参与哪些社团活动，与哪种类型的人打交道，了解应聘者的人际交往倾向和与人相处的技巧。

8. 工作态度　对工作态度的考查包括两方面：一是了解应聘者对过去学习、工作的态度；二是了解应聘者求职应聘的态度。

9. 求职动机　了解应聘者为何希望来本单位工作，对哪类工作最感兴趣，在工作中追求什么来判断本单位所能提供的职位或工作条件等能否满足其工作要求和期望。

10. 兴趣爱好　主考官通过对应聘者提一些诸如休闲时间爱从事哪些运动，喜欢阅读哪些书籍以及喜欢什么样的电视节目等问题，来了解应聘者的兴趣和爱好，以便于录用后的工作安排。

> **请你想一想**
> 了解面试考核的内容后，你认为自己还有哪些方面需要加强或提升？

二、求职礼仪　📱微课

良好的个人形象是求职者的第一张名片。面试中的礼仪问题在很大程度上影响着面试的成绩。

（一）求职者仪容仪表礼仪

1. 求职者的着装礼仪　服饰能够反映出一个人的文化水平、修养和气质，它是一种重要的体态语言。面试时的着装应该注意以下两方面。

（1）着装整洁大方　整洁大方意味着重视这份工作，重视这个单位，也重视今后代表的企业形象。因此一定要挑选干净、熨烫平整挺括的衣服。

（2）着装搭配协调　服装搭配要适合毕业生的面试需要，在应聘不同岗位时，应根据所应聘工作的性质和类型来确定自己的穿着，做到协调统一。

2. 求职者的化妆与发型　面试前，应整理仪容，头发清洗干净、梳理整齐，不要染怪色头发。男生不要留小胡须，不要留长发；女生不浓妆艳抹，不要用气味浓烈的香水。

（二）求职者言谈举止礼仪

行为举止包括眼神、表情、笑容、站姿、走姿、坐姿、手势等，一个人的"气场"或修养往往取决于其言行举止。

1. 遵时守信，切勿迟到　遵时守信很重要。可以早到面试点，绝不能迟到。万一迟到，一定要在路上发信息或打电话说明迟到的原因。

2. 关闭手机，耐心等候　面试前，一定要把手机关闭或调至静音状态，一是对招聘人员的尊重，二是可以让自己集中注意力与人沟通。如遇面试推迟，也要耐心等候，不要抱怨或发牢骚。

3. 敲门请示，轻进关门　进入面试考场，不管门是关着的还是开着的，都应先轻敲门，得到许可后方可进入，切不可贸然地直接推门而入，进门后，应轻轻转身关上门。

4. 面带微笑，诚恳交谈　面试者要面带微笑，主动与面试官打招呼问好，如："上午好！""各位领导好！"然后礼貌地向面试官介绍自己，得到允许后方可坐下并轻声致谢。在交谈过程中应注意以下问题。

（1）认真倾听且有目光交流　面试时与面试官保持视线的接触，是交流的需要，也是起码的礼貌，更是应聘者自信的表现。正常状态下，面试者要把目光放在对方额头或鼻梁上方，保持目光的自然、轻松、柔和，传达出自己的真实想法。

（2）谈话应顺其自然　在交谈中表情自然亲切，多用敬语，如"谢谢您""谢谢您给我展示的机会"等。同时做到少说多听，不打断问话，不随意插话，不说奉承话，始终保持诚恳谦逊的态度。

（3）留意对方反应　交谈中很重要的一点是把握谈话的气氛和时机。如果对方的眼神或表情显示对自己所涉及的某个话题已失去了兴趣，应该尽快找一两句话将话题终止。

（4）有良好的语言习惯　不仅要表达流利、用词得当，而且还要尽量做到发音清晰、语调得体、声音自然、音量适中、语速适宜等。

5. 保持距离，双手递物　面试时与主考官一般保持 2~3m 的距离比较合适。在评委老师提出要看所带的证书、资料等时要双手奉上，不要一只手递送物品或资料。

6. 结束致谢，从容离开　面试结束时一定要记得鞠躬，向所有的考官致谢，之后拿好自己的所带物品，轻轻退出，并随手关好房门，从容离开。

（三）求职者电话和视频礼仪

1. 电话求职礼仪

（1）选择合适的通电话时间　选择打电话的时机很重要，在不恰当的时机打电话，很可能失去一个面试的机会。一般来说，上午最好的打电话时间应是九点至十一点之间；下午最好的打电话时间是三点以后。另外，不要打对方家里的电话。

（2）提前构思好通话的内容　通话过程是否顺畅直接决定通话质量，也是求职者表达能力、沟通能力、逻辑思维能力等综合素质的体现。因此，通话前要想好内容，并理清这些内容内在的逻辑关系，或者从这些内容里面提炼出来几个关键词，最后用一张纸写下提纲或关键词。这样就可以做到通话时表达顺畅且言简意赅。

（3）注意通话时的个人形象　虽然在通话时，自己的眼神、微笑、姿态等对方看不到，但仍然可以通过语气、语调、语言来传达自己真诚、友好、亲切的态度。因此，通话中要将优雅的态度、甜美的微笑通过电话传递给对方，让人有如沐春风的感受。

2. 网络视频求职礼仪　网络视频面试是指求职人员通过视频、聊天等形式接受用人单位考官的面试。采取视频求职的方式时一定要注意以下方面。

（1）培养镜头意识　面试的时候一定要看着摄像头说话，这样面试官才会觉得求职者是在看他，才能有很好的交流。

（2）保持微笑　面带笑容不管是面对面面试还是视频面试都是很重要的，特别是在视频面试里，面带微笑可以让气氛轻松一些。

（3）坐姿端正　坐的时候不要完全靠着椅子，可以稍微前倾。

（4）声音清晰洪亮　面试时要保证吐字清晰，声音洪亮，语音连贯通畅，语速要根据面试环境而进行适当的调整，保证将最准确的个人信息传达给面试官。

（5）适当地运用肢体语言　适当的肢体语言，会让面试官有代入感。但是也要记住，过多的肢体语言容易让面试官分心。

三、面试前的准备

（一）了解应聘单位

面试前，毕业生对用人单位的性质、地址、业务范围、经营业绩、发展前景以及对应聘岗位职务及所需的专业知识和技能等要有一个全面的了解。单位的性质不同，对求职者面试的侧重点不同。如公务员侧重于时事、政治、经济、管理、服务意识等方面，而企业则侧重于历史、现状、主要产品等方面。另外，毕业生还可通过熟人、朋友或有关部门了解当天对自己进行面试考官的有关情况及面试的方式等。

（二）整理面试材料

毕业生参加面试之前应准备好求职信或个人简历、相关证书（原件和复印件）等材料。即使已向招聘单位发送过电子求职材料，面试时也应再带上一份纸质求职材料，以便招聘者查看。

（三）准备自我介绍

自我介绍的时长一般为 1 分钟或 3 分钟。自我介绍是向面试官推荐自己的一次宝贵机会，可以事先做好准备，也可以事前找朋友练习，自我介绍时应灵活地使用口头语，注意内容简洁，切中要害，条理清晰，层次分明。

你知道吗

自我介绍的内容主要包含四个方面，具体如下。

1. 我是谁　自我介绍的第一步是要让面试官知道你是谁。在这一步，主要介绍自己的个人履历和专业特长，包括姓名、年龄、籍贯等个人基本信息；教育背景以及与应聘职位密切的特长等，可以生动、形象、个性化地介绍自己的姓名。

2. 我做过什么　做过什么，代表求职者的经验和经历。在这个部分，主要介绍与应聘职位密切相关的实践经历，包括校内活动经历、相关的兼职和实习经历、社会实践等，并说清楚确切的时间、地点、工作内容等，特别需要注意的是，那些与应聘职位无关的内容应舍弃。

3. 我做成过什么　做成过什么，代表着求职者的能力和水平，在这部分，主要介绍与应聘职位所需能力相关的个人业绩，包括校内活动成果和校外实践成果。

4. 我想做什么　想做什么，代表求职者的职业理想。在这个部分，应该重点介绍与应聘职位关系密切的内容，如对应聘职位、行业的看法和理想，包括职业规划、对工作的兴趣与热情、未来的工作蓝图等。

（四）预测面试中可能谈到的问题

面试前要准备两个方面的问题：一是可能要回答的问题；二是要提出的问题。毕业生应提前了解、熟悉常见面试试题的应答技巧。

（五）开展模拟面试训练

毕业生普遍缺乏面试经验，所以在面试前有必要进行面试技巧训练，包括学习得体着装、练习礼仪举止、学习聆听、锻炼答题思维、学习沉着应对、学习有条理地答题等，可以通过阅读面试方面的书籍、班级组织模拟面试等方式进行训练。

四、面试技巧

面试之前所做的一切准备都是为面试服务的。但准备得再好，面试发挥不出来，那一切都将没有意义。因此，在面试过程中应掌握以下技巧。

（一）谦虚谨慎，表现诚实

面试时，在回答比较有深度的问题时，切不可不懂装懂，不明白的地方就要虚心请教或坦白说不懂，这样才会给用人单位留下诚实的印象。

（二）沉着冷静，机智应变

在面试中对于某些问题让自己处于尴尬境地时，可采用如下技巧：对未听清的问题可以请求对方重复一遍或解释一下；一时回答不出的可以请求主考官提下一个问题，等考虑成熟后再回答前一个问题；遇到偶然出现的错误也不必耿耿于怀，应沉着、冷静理清思路再继续答题。

（三）扬长避短，完美展现

每个人都有自己的特长和不足，无论是在性格上还是在专业上都是如此，因此在面试时要注意扬长避短，必要时可以婉转地说明自己的长处和不足，用其他方法加以弥补。

（四）显示潜能，突出自我

在很短的时间内要"秀"出自己，就要抓住一切时机，巧妙地显示潜能，但要注意的是一定要实事求是、巧妙、自然，否则会弄巧成拙。

第四节 调适求职心理

实例分析

实例 毕业生小刘学习成绩和其他条件都不错，在就业初期满怀信心。但由于专业冷门等原因，找过几家单位都碰了壁，结果产生了自卑心理。在后来的择业过程中表现越来越差，陷入恶性循环而不能自拔，以致到了新的用人单位应聘，只能被动地问人家"学某某专业的要不要"？其他什么话都不敢讲，最终未能落实就业单位。

问题 1. 小刘求职失败的原因是什么？

2. 求职过程中毕业生应该怎样调适自己的心理障碍？

面对严峻的就业形势和激烈的就业竞争，作为处于相对劣势的中职毕业生或多或少都会产生一些心理困扰，以致影响正常的就业。如何准确把握自己，走出心理误区是中职毕业生就业迈向成功的第一步。

一、中职学生求职过程中常见的心理障碍

（一）自卑心理

中职生普遍认为自己没有考上普通高中，是学习不好的原因，认为上中职学校是迫不得已的选择，绝大多数同学认为自己专业知识、专业技能及综合素质不如大学生，所以他们往往自责、觉得自己不如别人，潜意识中就有自卑和压抑心理。再加上近年来社会对人才的需求标准持续提升，使得中职生在求职过程中处处碰壁，由此加剧了其自卑情绪。

（二）自负心

部分中职毕业生在择业上往往好高骛远，期望值较高，没有将自己位置摆正，不愿意从最基层做起，于是这部分毕业生对用人单位非常挑剔，就出现了"高不成低不

就""脚踩几只船"的恶性循环，从而造成就业受挫，产生心理失衡。

（三）盲目从众心理

部分中职毕业生在择业时出现"人云亦云"的现象，自己毫无主见，缺乏开拓精神，没有客观分析自身专业基础、经济状况等各方面因素，忽视了自身的个体特异性与自我创造性，盲目跟风，随波逐流，采取不切合实际的从众行为。

（四）矛盾心理

中职毕业生在择业时，遇到各种各样的选择，会左右为难。例如，他们总是认为到机关、事业单位待遇稳定，压力较小，但又嫌收入不高；而自己创业收入较高，但又觉得太辛苦，而且风险较大。于是出现既要顾及工作性质、发展前景，又要考虑地理位置、经济收入、福利条件等的矛盾心理。

（五）攀比心理

中职毕业生中有一些人在求职择业中存有攀比心理，认为"我不能比别人差""我不能不如人"的想法。这种攀比的求职观，不能从自身实际出发，常常会耽误先机，到头来不利于自身价值的实现和长远发展。

（六）依赖心理

有些中职毕业生因为家庭、社会条件较好，在择业过程中把希望寄托在学校、父母或朋友之上，有的毕业生甚至由家长出面与用人单位洽谈，而这样做的结果给用人单位留下了缺乏开拓水平和独立生活能力的印象。

（七）冷漠心理

当一些中职生在择业中因受到挫折而感到无能为力时，会出现得过且过、不思进取、情绪低落等反应。他们不再想主动争取择业机会，不再去努力，认为去什么单位都无所谓，这种心理与就业的竞争机制和社会环境是不相适应的。

（八）实惠心理

持有这种心理的中职生往往只关注单位能给自己提供多少工资和什么样的福利待遇，而在就业地域选择上往往"宁要大城市一张床，不要边远地区一套房。"殊不知沿海城市的待遇虽高，大城市的发展机会虽多，但并不是每一个人、每一个专业都适合在沿海和大城市发展，西部地区、边远地区也是同学们能建功立业的地方。

> **请你想一想**
> 你认为在求职过程中应该持哪种心态？

二、求职心理调适

所谓自我心理调适，就是根据自身发展及环境的需要对自己的心理进行调节控制，从而最大限度地发挥个人的潜力，维护心理平衡，消除心理困扰。当毕业生在求职过程中出现情绪性、自我认知性、就业观念性等方面的心理问题时，要充分认识到心理调适的积极作用，提高自我调适的自觉性，增强承受挫折、化解冲突和矛盾的能力，及时调整自己的心理状态，从而顺利择业。

（一）接受社会现实，调整就业期望值

作为中职毕业生，面临当前就业结构的重大变化及不容乐观的就业形势，应正确认识自己，结合自身所具备的各方面条件给自己正确合理的定位，调整就业期望值，以减少在求职过程中的碰壁现象。当理想暂时无法实现时，应本着"先生存，后发展""从基层做起，从小企业做起""先就业后择业再创业"的观念，降低就业期望值，根据自己的实际情况和就业形势，树立长远的职业发展观念，通过正当合理的职业流动，来逐步实现自我价值。

你知道吗

认知调适与"四定"

一、认知调适

毕业生在求职前首先需要进行认知调适，从现实出发，进行全面的自我认知分析，需要考虑以下几个方面。

1. 我喜欢做什么　分析自我的职业兴趣及职业价值观等。

2. 我适合做什么　分析自我的职业性格、气质、天赋才干、智商、情商等。

3. 我擅长做什么　分析自我的职业能力倾向，比如言语表达、逻辑推理数字运算等。

4. 我能够做什么　分析自我所掌握的专业知识、技能及工作经验等。

二、"四定"

在进行了自我认知分析后，再理智地做好职业定位中的"四定"：定向、定点、定位、定心。

1. 定向　确定自己的职业方向。根据自己的职业气质、职业兴趣、职业能力结构等方面的因素，找到自己的职业潜力集中在哪个领域，只有找准职业方向才能最大限度地开发和发掘自己的潜力。

2. 定点　确定自己职业发展的地点。依据自身的家庭及职业发展的需求，确定自己职业发展的地点。

3. 定位　确定自己在社会上的位置。依据择己所爱、择己所长、择己所需的原则，确定自己的就业单位及职位。

4. 定心　坚定信念，心平气和。职业发展道路上总会遇到挫折和压力，学会心理调适、坚定信念、理性分析并自我激励。

（二）充分认识职业价值，树立合理的职业价值观

择业时要在考察社会需要的基础上，树立注重自我职业发展、才能发挥、事业成功的职业价值观。如对于现在工作条件不怎么样，但发展空间大，能让自己充分发挥作用的单位要优先考虑；对于那些现在经济发展水平不太高，但发展潜力大，创业机会多的工作地点也要重视。总之，要建立适应我国当前市场经济发展、人才需求规律的合理的职业价值观，以指导自己正确择业。

（三）认识与接受职业自我，主动捕捉机遇

就业中的许多心理困扰与毕业生不能正确认识和接受职业自我有关。因此，正确地认识自我的职业心理特点并接受自我，是调节就业心理的重要途径，并可以帮助自己找到合适自己的职业方向。

毕业生要明确自己喜欢什么样的职业及依据自己目前的能力能做什么，这样才能知道什么样的工作更适合自己。同时，对自我存在的问题也要能接受，不能一味抱怨，更不要自卑，要承认自己的现状，学会扬长避短。另外，要用发展的观点来看待自己，有些缺点并不可怕，可以先就业然后在工作岗位上不断发展完善自己。

（四）坦然面对就业挫折，提高心理承受力

面对市场竞争、就业压力，毕业生求职总会遇到许多困难、挫折甚至是委屈，如一些专业"热门"，有些则"冷门"；又如女生找工作容易受到歧视等。面对这些问题，要相信自己的能力，不被暂时的困难所吓倒，适时调整自己的不良心理，用冷静和坦然的态度待之，客观地分析自己失败的原因，并进行正确的归因。

如果在就业市场化、需求形势不佳、就业竞争激烈的条件下，出现求职失败是在所难免的，不能期望自己每次求职都能成功，不能把求职失败的原因完全归于自己的能力不行，也许是因为选择求职单位的方向不对，也可能是因为价值观与单位的企业文化不符合，还有可能是其他一些偶然因素。

总之，要正确分析自己失败的原因，调整自己的求职策略，学会安慰自己，同时将就业看作是一个很好的认识社会、认识职业生活、适应社会的机会，通过求职活动来发展自己，促进自我成熟，而"不以成败论英雄"。

（五）培养独立意识，勇于自主择业

中职生首先要培养自己思想上的独立能力，在思想上要有自己独到的见解，有很强的独立思考能力和分析问题的能力，要学会独立解决问题，力求摆脱从众的心理束缚，寻求自己的奋斗目标，独立处理面对各种问题，不断完善自己的思想体系；而在心理上的独立，则要相信自己的能力，做到自尊、自爱、自信、自强，保持乐观进取、积极健康的心态，敢于为自己的人生做出自己的选择。

三、求职心理障碍干预办法

（一）自我重塑法

自我重塑法是指自己帮助自己重新塑造、认定并接受新的自我形象的方法。毕业生在择业过程中遭遇挫折或失败后，可能会产生抑郁、自卑等不正常心理，这时可以通过自我对话，认真回顾与省察自己出现自卑心理的表现和原因，从正反两方面客观地认识和评价自己，找到自己的长处和优势，调整对自己的认识和态度，产生一种新

的自我评价和自我意想，用新的自尊自信的我与旧的自卑自贱的我进行抗争。

（二）适度宣泄法

在求职过程中遇到各种矛盾冲突而引起不良情绪时，应该尽早把担心、忧愁、郁闷等不良情绪向自己的挚友、师长等倾诉，当获得他人的情感支持和理解时，压抑的情绪自然会得到疏导，同时，在倾诉烦恼的过程中，还可获得认识和解决问题的新思路，增强克服困难的信心。适度宣泄不良情绪还可通过各种适当的运动方式进行，如打球、爬山等，以此来消除压抑心理，恢复心理平衡。

> **请你想一想**
>
> 当你发现身边同学在求职失败后，表露出某种消极情绪和失落心态时，你会怎么做？

（三）合理情绪疗法

一般来说，人们的情绪困扰是由于不正确的认知即非理性信念所造成的，因此，通过认知纠正，以合理的思维方式代替不合理的思维方式，就可以最大限度地减少不合理的信念给人们的情绪带来的不良影响。在求职过程中，有的毕业生择业不顺利时，只从客观上找原因，一味地抱怨社会不公平，认为"择业应当是顺利的""社会应该为毕业生提供充足的岗位"等。面对激烈的竞争环境，毕业生应该改变这些不合理的观念，调整认知结构，同时从自身找原因，这样才能克服不良情绪。

（四）自我激励法

自我激励法主要指用生活中的哲理、榜样的事迹或明智的思想观念来激励自己，让内心自动生出一种积极向上的动力，从而跟各种不良情绪进行斗争，坚信未来是美好的。求职过程中，当面对各种困难和挫折时，鼓励自己不要惊慌失措、急躁、抑郁，冷静思考、寻找对策，始终相信自己的实力，增强自信心，消除自卑感，保持良好的情绪和心态。

（五）环境调节法

环境对情绪有重要的调节和制约作用。当求职不顺、情绪压抑的时候，到室外走一走，呼吸新鲜空气，放松身心，可以起到一定的调节作用。

（六）自我安慰法

自我安慰法又称自我慰藉法，即为自己找一种"合理"的解释来"自圆其说"。例如"吃不着葡萄说葡萄酸"，虽是一种精神胜利法，但总比懊恼、沮丧强。在择业过程中，毕业生遇到挫折时，可以换一个角度看，不难发现其中的积极因素，正所谓"塞翁失马，安知非福""失之东隅，收之桑榆"，通过这些话语来做自我安慰，解脱烦恼。

（七）注意转移法

注意转移法即当人陷入焦虑、忧郁等不良情绪而不能自拔时，就要改变自己的注意目标，使引起消极情绪的兴奋点暂时被压抑，从而及时激发积极愉快的情绪。当求职过程中出现不良情绪时，可以把不顺心的事暂时放下，去做自己喜欢的事，如听听音乐、参加体育运动、进行自我娱乐、接受大自然的熏陶、参加有兴趣的活动等，以度过情绪低落期。

（八）幽默化解法

幽默是生活中的调味剂，运用幽默化解法调整情绪，往往会让大事化小，小事化了，有时能使满腔怒火、无名烦恼转眼间烟消云散。

自我调适的方法还有很多，如自我静思法、广交朋友法、松弛练习法等。这些都是在择业过程中遇到不良情绪时可以采用的应变方法。但最重要的是毕业生一定要树立正确的择业观，培养自己的独立能力，磨炼自己的意志，保持乐观豁达的心态，始终保持积极向上的健康心理。

目标检测

一、选择题

1. 以下不属于就业信息筛选原则的是（　　）。

　　A. 是否顺应国家发展趋势的原则

　　B. 行业、单位、岗位是否有利于个人的发展

　　C. 就业区域是否适合自己的发展

　　D. 就业竞争是否很激烈

2. 避免就业信息陷阱，以下做法不正确的是（　　）。

　　A. 加强对劳动法规和大学生就业政策的学习

　　B. 通过正规渠道获取招聘信息

　　C. 详细了解职业名称及职位描述

　　D. 上岗体验再做评价

3. 以下关于简历设计，不正确的是（　　）。

　　A. 用更多的时间　　　　　　　　　B. 要有针对性和相关性

　　C. 善用动词和数词　　　　　　　　D. 多用专业术语

4. 招聘环节中，简历的淘汰率大约是（　　）。

　　A. 低于30%　　　B. 低于50%　　　C. 超过50%　　　D. 超过90%

5. 分析与应用就业信息的第一步是（　　）。

　　A. 比较和筛选　　　B. 积累与梳理　　　C. 及时反馈　　　D. 辨识真伪

6. 关于求职简历中的奖励荣誉，说法不正确的是（　　）。

　　A. 要写明奖项或荣誉名称

　　B. 要写明获奖时间

C. 要写明奖项、荣誉的级别和获奖比例

D. 可以罗列各种奖励荣誉

7. 以下关于无领导小组面试的说法，不正确的是（　　　）。

A. 与传统一对一面试相比，可节约时间

B. 分工合作，体现个人能力和团队合作能力

C. 团队中的分工，体现个人价值排名

D. 团队成员具有独特性价值和共同目标

8. 下列选项属于正确的求职择业心理的是（　　　）。

A. 自卑畏缩　　　　B. 盲目从众　　　　C. 正视挫折　　　　D. 过度依赖

9. "请你自我介绍一下好吗?"这是面试中的一个必考题目，回答起来也必须慎重。关于这个问题的回答，下列说法正确的是（　　　）。

A. 回答这个问题时不要与简历出现太大的落差

B. 表达方式尽量口语化，用简单明了的话语说清楚问题，要切中要害，不谈无关内容

C. 回答问题要条理清楚，层次分明，尽量在规定的时间内回答完问题

D. 以上说法都正确

10. 以下心理调适方法不恰当的是（　　　）。

A. 接受现实，降低奋斗目标　　　　B. 自我转化情绪

C. 强烈的自我宣泄　　　　D. 努力强调"我很棒，我能行"的观念

二、思考题

1. 通过本章学习，简述应该如何收集并筛选真实有效的就业信息?

2. 毕业生小王来自云南罗平，直到毕业当年3月份他还未落实工作单位。在学校毕业生供需见面会，刚好罗平有一家制药厂要他，专业对口，又在家乡，然而他本人的择业意向却是：单位地点必须在昆明市，至于到昆明的什么单位、具体做什么工作都无关紧要，除此以外，什么单位都不考虑。抱有这种求职心态，结果自然难以如愿。

思考：（1）请分析小王在择业过程中存在的主要心理问题是什么?

（2）他应该如何进行心理调适?

书网融合……

微课　　　　划重点　　　　自测题

PPT

▷▷▷ 第七章　维护就业权益

学习目标

知识目标

1. **掌握**　毕业生就业权益的具体表现。
2. **熟悉**　常见的就业陷阱及防范方法。
3. **了解**　就业协议与劳动合同的区别；我国社会保障
　　　　　制度。

能力目标

1. 学会识别并防范各种求职陷阱。
2. 学会依法保护自身的就业权益。

🔖 第一节　毕业生就业权益

🐾 实例分析

实例　2018 年 6 月毕业的小周在一家医药企业实习了半年，公司对他的实习表现很满意，承诺小周毕业后继续聘用他，并且与他签订了三方协议。为此，小周拒绝了其他企业向他发出的面试邀请，但他临毕业时，曾实习过的医药企业以"名额没有得到上级审批"为由，告知小周同学无法继续留在该企业工作。

问题　请问案例中的小周是否可以向该医药企业要求支付违约金？

我国《宪法》《劳动法》《普通高等学校毕业生就业工作暂行规定》等法律、法规明确规定了毕业生在择业过程中享有平等就业、自主择业、公平竞争、全面真实了解用人单位情况、协商签订就业协议等权利。同时，毕业生应尽到服务国家、报效社会、向用人单位如实介绍自己的情况、遵守协议、按时到用人单位报到的义务。毕业生了解与之密切相关的就业权益维护等问题，对毕业生求职就业来说非常重要。

一、就业权益的内涵

就业权益是指劳动者在就业过程中所拥有的权利和所应该获得的利益。就业权益受相关法律法规的保护，如《宪法》《中华人民共和国劳动法》《中华人民共和国高等教育法》《中华人民共和国就业促进法》等法律法规为毕业生就业权益提供了保障。但需要特别指出的是，任何权益都是责任与义务连在一起的，权利、责任、义务是相对应的。劳动者的就业权益也是和劳动者的就业责任、就业义务相互联系的。

二、毕业生就业权益的具体表现

应届中职毕业生初入职场，应结合自身条件，理性选择就业单位，当然，面对一个比较陌生的领域，也需要了解就业的相关政策法规，依法保护自己的就业权益。中职毕业生享有的就业权益主要如下。

1. 获得就业信息的权利 毕业生只有获得充分的就业招聘信息，才能选择与自身情况相匹配的用人单位。用人单位提供就业信息时应做到以下三方面。

（1）信息公开 用人单位的招聘信息向毕业生公开，任何单位和个人不得隐瞒和截留。

（2）信息及时 毕业生获取的招聘信息应及时有效。

（3）信息全面 毕业生有权获得准确、全面的就业信息。

2. 享有就业指导权 我国《高等教育法》规定："高等学校应当为毕业生提供就业指导和服务。"同样各中职院校应成立专门机构，安排专门人员对毕业生进行就业指导。

3. 被学校推荐的权利 中职院校在就业工作中的一个重要职责就是向用人单位推荐本校的毕业生。毕业生享有的被推荐权为如实推荐、公正推荐等。

4. 自主择业权 《劳动法》规定，劳动者享有选择职业的权利。作为求职的毕业生，可以按照自己的兴趣、性格和能力及价值观取向来选择自己喜欢和擅长的职业。家长、学校和用人单位可以为缺乏就业认知的毕业生提供择业意向的建议、参考、推荐和引导，但不能强迫或限制他们选择职业。

5. 平等、公平就业权 我国《劳动法》规定，"劳动者享有平等就业和选择职业的权利""劳动者就业不因民族、种族、性别、宗教信仰不同而受到歧视"。

6. 接受就业援助的权益 国家逐渐健全就业援助制度，采取税费减免、贷款贴息、社会保险补贴、岗位补贴等办法，通过公益性岗位安置等途径，对就业困难人员实行优先扶持和重点帮助。各级政府和各高校也出台了针对性的扶助措施，如优先推荐、重点推荐、反复推荐等，努力帮助毕业生落实就业。

7. 对方违约求偿权 毕业生就业协议一经签订，毕业生、用人单位、学校任何一方不得擅自毁约，如有违约都必须严格履行相应责任。任何一方提出变更或解除协议，均须得到另外两方的同意，并应承担违约责任。

> **请你想一想**
>
> 毕业生走入工作岗位后，作为一个劳动者，当自己的合法权益遭到侵害时应该如何维护？

8. 享受国家和政府规定的与就业有关的其他权利。

三、侵犯就业权益的具体表现

不少毕业生表示，找工作很难，还有可能遭遇求职陷阱。一些不法用人单位利用毕业生求职心切的心理，用各种方式侵害他们的就业权益，具体介绍如下。

（一）应聘面试阶段

1. 虚假招聘信息掩人耳目 有些单位通过参加各种招聘活动，以招聘的名义进行单位形象宣传；有些单位在人员已经内定的情况下，通过参加招聘活动而达到"程序合法"的目的；还有些招聘单位通过对低端职位进行虚假包装宣传，吸引没有更多社会经验的大学毕业生加入，如"事业部经理""市场总监""销售总监"等；甚至有些企业针对劳动报酬中的一些不确定收入进行虚假或模糊的承诺，或者许诺高额待遇，最终不能兑现或者"缩水兑现"，导致求职者的权益被侵害。

2. 非法收取财物或扣押证件　不法的用人单位会在招聘过程中以各种名目收取费用或者扣押证件。而劳动者提出辞职时，单位又以不退抵押财物作要挟，甚至扣押求职者的证件来强行留任求职者。

3. 侵犯求职者隐私　在招聘过程中，用人单位侵犯求职者隐私行为也时有发生，如将求职者的姓名、住址和电话号码及身份证号码转让给他人或中介机构等。

（二）签约阶段

1. 就业协议中存在的问题　对毕业生档案接收单位，户口迁移地址不明确，对工作内容、合同期限、工资福利等协商条款不明确注明。

2. 劳动合同中存在的问题　为逃避责任，只有口头合同或者只签订就业协议，以就业协议代替劳动合同；还有劳动合同有不公平条款，甚至侵害到求职者的身体健康权等不法行为。

（三）就业报到阶段

（1）就业协议签订后，不按就业协议约定时间接收毕业生入职。

（2）不按就业协议安排工作岗位，不能兑现、协商好工资福利等。

（3）不按劳动合同条款履行合同（延长试用期、不支付加班费等），劳动者要求解除合同时不支付补偿金。

（四）试用阶段

试用期是指用人单位和劳动者为相互了解而约定的一定期限的考察期。《劳动合同法》对试用期时限有明确的要求："劳动合同期限3个月以上不满1年的，试用期不得超过1个月；劳动合同期限1年以上不满3年的，试用期不得超过2个月；3年以上固定期限和无固定期限的劳动合同，试用期不得超过6个月。同一用人单位与同一劳动者只能约定一次试用期。试用期的工资不得低于本单位相同岗位最低档工资或者劳动合同约定工资的百分之八十，并不得低于用人单位所在地的最低工资标准"。

试用期侵权表现为试用期时间不符合劳动合同法规定，违约金过高，不为应聘者缴纳社会保险，不与应聘者签订劳动合同等情况。

四、求职陷阱的具体体现及防范措施

（一）常见的求职陷阱

1. 试用期变"白用期"　张海是2020年的应届毕业生，经过一番"海投"终于找到了工作，并和公司商议试用期3个月。张海述说他的心酸经历："疫情期间工作不好找，公司说试用期没工资，我想着熬一熬就过去了，于是便答应了。"但让他无法接受的是，试用期结束后公司却拒绝给他转正，也不支付任何工资。张海不愿再耗下去，选择了离职。

【防范提示】《劳动合同法》规定："劳动者在试用期的工资不得低于本单位相同岗位最低档工资或劳动合同约定工资的百分之八十，并不得低于用人单位所在地的最低工资标准。"此案例中张海可以先跟公司提出自己的诉求，如果公司不予以回应，则可申请劳动仲裁，但张海需要将与工作内容相关的工资条、考勤表、视频、语音、文字、图片等作为证据保留好。

2. 糟心的"培训贷" 应届毕业生小谷在不久前遭遇了"培训贷"。他说自己通过网络招聘平台应聘了一家通信工程公司，公司经理说为储备所需人才，会安排小谷进行相关业务培训，但培训费需小谷本人预先支付，公司再以补偿的形式分两年补给他。工作一个月后，小谷无奈地离开了此公司，他感叹道："白白地干了一个月的活，该拿的工资我没拿到，还背上了上万元的贷款，我现在没有那么多时间和精力去纠缠这个事，只能认栽。"

【防范提示】"培训贷"就是以高薪为诱饵吸引毕业生，诱导毕业生向借贷公司进行贷款，如没有如期还款，贷款人会接到贷款公司的催收电话，会被贷款公司恐吓，甚至家人也受到贷款公司的威胁。求职者一旦被要求参加高额培训，强制要求贷款，必须绕道而行，这种情况不仅拿不到高薪，还可能陷入"培训贷"的深潭不能自拔。

3. 以"假招聘"来获取"真实的解决方案" 有些公司招聘程序员、创意总监、翻译等岗位，实际是寻找问题解决方案的。应届毕业生刘星就遭遇了"智力劫"。他通过应聘初试合格后进入笔试阶段，笔试内容是：上机编写一段程序，使用规定的编程语言，时间不限，可以上网查询相关资料，但不能相互交流。参加笔试后的应聘者却发现，每个应聘者的试题不同，而且他们的应试程序，正好能整合成一个项目，这时，他们才知道自己的智力成果被窃取了，面试结果正如他们预想中一样，该公司没有录用一个参加了笔试的人。

【防范提示】这就是劳动成果被招聘方以招聘为由而窃取智力成果的"智力陷阱"。为了防止劳动成果被窃取，求职者需要提高防范意识，在提交策划案等劳动成果时要准备两份，一份提交，一份自己留存，在留存份上尽量要求招聘单位签字确认，以便将来能够证明劳动成果内容；或者在提交策划案时附上《版权声明》，并要求招聘单位签收。

4. "非法传销"是你惹不起的"痛" 毕业生小敏被一则"招聘广告"骗到了广东中山的传销窝点，传销组织拟好了一套行骗流程，让很有警觉性的小敏并没有发现任何的异样，直到手机被对方拿走，然后把她带到一栋 6 层高的楼梯房的顶层，看到一群学生模样的人聚集在一起，打通铺睡觉，一群人亢奋地喊着口号，积极地组织各种演讲活动时，小敏知道，她已经被骗入"非法传销的窝点"。之后，她沉着冷静地与传销组织斗智斗勇，前前后后周旋了七天，终于联系上了家人，报了警，让自己和其他被害人成功获救了。

【防范提示】非法传销一般有三个典型的特征：交入门费；发展下线；分层级层层剥利。求职者要多了解禁止传销的法规；了解传销组织惯用的策略和手法；多关注与传销相关的书籍、影视作品、网友推送的网文，敏锐地识别传销陷阱，远离传销。

骗子的手法日新月异，求职陷阱防不胜防，除了上面提及的求职陷阱，还有一些常见的陷阱：比如收了钱就跑路的非法中介；以招兼职来骗取求职者的银行卡信息，实施诈骗的非法招聘；非法中介与无良商家设下"连环套"，以骗取求职者的中介费、报名费、培训费、服装费、押金等。

（二）防范和规避求职陷阱

1. 求职应聘中防范虚假招聘

（1）选择正规求职渠道　选各级政府部门网站、专业网站、知名人才网站，关注院校就业指导部门发布的招聘信息，参加各地方教委（教育局）、人事厅（局）教育系统主办的面向毕业生的招聘会，慎重参加面向社会公开招聘的人才交流会。

（2）正确判断招聘信息真伪　对于招聘信息要进行真伪辨析，尤其对以下情形的要予以注意：联系地址不详细或根本不留的；联系电话仅为手机的；招聘条件要求非常低、工资待遇奇高的；以各种理由收取求职者费用或扣押证件的；以各种理由不出具相关资质证明的；公司无固定办公场所的。

2. 重视签约环节，慎重签订劳动合同　由于劳动力市场中用人单位往往处于强势地位，少数单位不能平等对待求职者，甚至有些单位还故意发布虚假信息，欺骗或非法招用求职者。入职前尽量全面地了解用人单位，不要盲目、草率签订劳动合同，对合同没有提及的工资、奖金、补贴、休假、住房、保险等福利待遇要在备注栏中详细补充，以避免或减少不必要的劳动争议发生，明确"实习期""试用期"的权益和义务，维护个人的合法权益。

你知道吗

实习期≠试用期

1. 实习期　是指学生在校期间，到单位的具体岗位上参与实践工作的过程。实习期适用范围是在校学生。

2. 试用期　是指用人单位对劳动者是否合格进行考核，劳动者对用人单位是否符合自己的要求也进行考核的时间段。试用期适用范围是劳动者。试用期一般应用于企业、公司（包括外企、合资、私企），与医院建立劳动关系也是采用试用期，试用期一般为15日~6个月。试用期不能延长，试用期是由合同双方约定的，时间长短受《劳动合同法》约束。

（三）了解维权途径，善用救济途径

我国以《宪法》为依据，以《劳动法》为基础，以《就业促进法》《劳动合同法》《劳动争议调解仲裁法》以及《社会保险法》为主干，以相关法律法规为配套的劳动保障法律体系得到了进一步健全完善。劳动法律法规在调整劳动关系、签订劳动合同、解决劳动争议上发挥了重要的作用，毕业生在求职前应充分了解相关法律常识。

掌握合法的维权手段是解决合法权益受到侵害最有效的途径，一旦合法权益受到侵害，必要时应该积极运用法律武器，通过申请调解、仲裁、诉讼等合法途径，维护自己的正当权益。对于用人单位一般的违规行为或争议不大的问题，劳动者可以先与用人单位协商，必要时可以向该单位所在的区县劳动保障监察机构举报，由劳动保障部门对其进行监督检查和处罚。

作为就业风险的承担主体，毕业生应该树立风险防范意识，客观分析风险环境和自我风险，具备风险应对能力，规避和防范求职风险。

第二节　就业协议和就业合同

实例分析

实例　毕业生小沈持就业协议到签约的单位报到，公司的人力资源部员工热情地接待了她，并帮她办理了入职手续，按就业协议的约定安排了工作岗位。让小沈感到疑惑的是，公司并没有跟她签订劳动合同。于是，小沈去咨询了人力资源经理，经理告诉她，给她安排的入职手续都是按就业协议的约定进行的，因为有就业协议，就不需要再签劳动合同了。

问题　该公司的做法是否合法？为什么？

一、就业协议

就业协议，又称三方协议，是大中专学校毕业生和用人单位在正式确立劳动人事关系前，经双向选择，在规定期限内确立就业关系、明确双方权利和义务而达成的书面协议。就业协议在毕业生到单位报到、用人单位正式接收后自行终止。就业协议一般由国家教育部或各省、市、自治区就业主管部门统一制表。就业协议所涉及的权利义务均属于我国民事法律管辖的范围。

（一）就业协议的作用

1. 成为毕业生与招聘单位确立劳动关系的重要依据，即标志着毕业生落实了招聘单位和招聘单位同意接收毕业生。

2. 明确就业活动中的权利和义务，避免双向选择的随意性，保护招聘单位和毕业生的权益。

（二）就业协议的主要内容

为维护国家就业计划的严肃性，明确毕业生、招聘单位、学校三方在毕业生就业工作中的权利和义务，毕业生、招聘单位、学校三方签订协议的主要内容如下。

1. 毕业生应按照国家规定就业，向招聘单位如实介绍自己的情况，了解用人单位的意图，表明自己的就业意向，在规定的时间内到招聘单位报到，若遇到特殊情况不能报到的，需征得招聘单位同意。

2. 招聘单位要如实介绍本单位的情况，明确对毕业生的要求及使用意图，做好各项接收工作。凡取得毕业资格的毕业生，招聘单位不得以学习成绩为由提出违约，未取得毕业资格的结业生，协议无效。

3. 学校要如实向招聘单位介绍毕业生的情况，做好推荐工作。招聘单位同意录用后，经学校审核列入建议就业计划，报教育部或主管部门批准，学校负责办理派遣手续。

4. 学校应在学生毕业前安排体检，不合格者将不能派遣，协议自行取消，由学校通知招聘单位。如招聘单位对毕业生身体条件有特殊要求，原则上应在签订协议前单独进行体检，否则，以学校体检为准。

5. 毕业生、招聘单位、学校三方如有其他约定，应在备注栏明确，并视为协议的一部分。

（三）就业协议签订的注意事项

就业协议虽然不是劳动合同，但也属于法律行为，因此在签订协议时毕业生要慎重考虑以下几方面。

1. 在签订就业协议之前，一定要通过各种渠道弄清楚用人单位的相关情况，查明用人单位是否具备合法的主体资格，了解用人单位对毕业生的基本要求，分析自己是否可以胜任这份工作。

2. 依据正规的程序进行签约。

3. 与用人单位签订就业协议时，必须如实地填写协议书内容。

4. 明确违约责任。对违约行为，教育部在有关文件中，明确违约一方必须承担违约责任，并支付一定的经济赔偿，但并没有规定明确的数额。对此，毕业生在与用人单位签约前，除了学校的规定外，还应与用人单位进行协商，对可能发生的违约责任进行确定，对赔偿金额予以明确（原则上违约金不应高于年薪）。

二、劳动合同

劳动合同是指劳动者与用人单位在确定劳动关系时，订立的明确双方权利和义务的协议，是发生劳动纠纷时的维权证据。订立劳动合同的法律依据是《劳动合同法》。

（一）劳动合同订立的原则

订立劳动合同，应当遵循合法、公平、平等自愿、协商一致、诚实信用的原则。依法订立的劳动合同具有约束力，用人单位与劳动者应当履行劳动合同约定的义务。

1. 合法原则 是指订立劳动合同的行为不得与法律、法规相抵触。合法是劳动合同有效并受国家法律保护的前提条件，它的基本内涵应当包括以下几方面。

（1）主体合法 签订劳动合同的主体是用人单位和劳动者。主体合法，即当事人必须具备订立劳动合同的主体资格。任何一方如果不具备订立劳动合同的主体资格，所订立的劳动合同违法。

（2）目的合法 是指当事人双方订立劳动合同的宗旨和实现法律后果的意图不得

违反法律、法规的规定。

（3）内容合法 是指双方当事人在劳动合同中确定的具体的权利与义务的条款必须符合法律、法规和政策的规定。

（4）程序与形式合法 程序合法是指劳动合同的订立，必须按照法律、行政法规所规定的步骤和方式进行，一般要经过要约和承诺两个步骤，具体方式是先起草劳动合同书草案，然后由双方当事人平等协商，协商一致后签约。形式合法是指劳动合同必须以法律、法规规定的形式签订。

2. 公平原则 要求在劳动合同订立过程及劳动合同内容的确定上体现公平。公平原则强调了劳动合同当事人在订立劳动合同时，对劳动合同内容的约定，双方承担的权利义务中不能要求一方承担不公平的义务。如果双方订立的劳动合同内容显失公平，那么该劳动合同中显失公平的条款无效。

3. 平等自愿原则

（1）平等 是指订立劳动合同的双方当事人具有相同的法律地位。在订立劳动合同时，双方当事人是以劳动关系平等主体资格出现的，有着平等的要求利益的权利，不存在命令与服从的关系，任何以强迫、胁迫、欺骗等非法手段订立的劳动合同，均属无效。

（2）自愿 是指订立劳动合同必须出自双方当事人自己的真实意愿，是在充分表达各自意见的基础上，经过平等协商而达成的协议。采取暴力、强迫、威胁、欺诈等手段订立的劳动合同无效。

4. 协商一致原则 是指当事人双方依法就劳动合同订立的有关事项，应当采用协商的办法达成一致协议。如果在订立劳动合同时，双方当事人不能达成一致的意见，劳动合同就不能成立。

5. 诚实信用原则 是指当事人订立劳动合同的行为必须诚实，双方为订立劳动合同提供的信息必须真实。当事人一方不得强制或者欺骗对方，也不能采取其他诱导方式使对方违背自己的真实意思而接受对方的条件，如有欺诈行为签订的劳动合同，受损害的一方有权解除劳动合同。

（二）劳动合同必备条款

1. 用人单位的名称、住所和法定代表人或者主要负责人。

2. 劳动者的姓名、住址和居民身份证或者其他有效身份证件号码。

3. 劳动合同期限，一般分为以下几类。①约定合同终止时间的是固定期限。②没有约定终止时间的是无固定期限。③以完成一定工作任务为期限。

4. 工作内容和工作地点。

5. 工作时间和休息休假。

6. 劳动报酬。

7. 社会保险。

8. 劳动保护、劳动条件和职业危害防护。

9. 法律、法规规定应当纳入劳动合同的其他事项。

（三）劳动合同订立的注意事项

毕业生与用人单位建立劳动关系的时候，应当订立书面劳动合同，不能只简单地进行口头约定。劳动合同由用人单位与劳动者协商一致，并经用人单位与劳动者在劳动合同文本上签字或者盖章生效。劳动合同应当在建立劳动关系的 1 个月内订立；用人单位自用工之日起超过 1 个月不满 1 年未与劳动者订立书面劳动合同的，应当向劳动者每月支付两倍的工资，同时，视为用人单位与劳动者已订立无固定期限劳动合同。

劳动合同法规定，用人单位不得在试用期内随意辞退劳动者。

你知道吗

这些合同要慎签

1. **口头合同**　没有签署书面合同文件。
2. **抵押合同**　要求缴纳证件或财物。
3. **简单合同**　条文没有细节约束。
4. **生死合同**　含有"工伤概不负责"等字眼。
5. **双面合同**　一份合法的"假"合同，一份不合法的"真"合同。
6. **霸王合同**　合同只从单位角度出发、求职者处于被动地位。

（四）劳动争议及处理

在工作中难免会有意见不合或者其他因素导致无法继续工作的情况，因订立、履行、变更、解除和终止劳动合同而发生的争议都属于劳动合同纠纷。劳动合同发生纠纷时需要选择正确的方法合理地处理劳动合同纠纷。

1. 和解　指当事人之间自行协商解决因合同发生的争议。

2. 调解　合同纠纷的合同当事人如果不能协商一致，可以要求有关机构调解，如一方或双方是国有企业的，可以要求上级机关进行调解。上级机关应在平等的基础上分清是非进行调解，而不能直接进行行政干预。当事人还可以要求合同管理机关、仲裁机构、法庭等进行调解。

3. 劳动仲裁　合同当事人协商不成，不愿调解的，可根据合同中规定的仲裁条款或双方在纠纷发生后达成的仲裁协议提交给仲裁机构申请仲裁。仲裁主要有以下特点。

（1）提交仲裁以双方当事人自愿为前提。

（2）仲裁是由中立的第三者出面解决争议的一种方式，仲裁员是各行各业的专家，保证了仲裁的公正性和权威性。

（3）仲裁裁决具有法律效力。

（4）仲裁具有极大的灵活性和便利性。仲裁实行一裁终局制，有利于当事人纠纷的迅速解决，大大地降低了解决争议的成本。

（5）保密性。仲裁一般以不公开审理为原则，并且各国有关的仲裁法和仲裁规则都规定了仲裁员及仲裁秘书人员的保密义务，仲裁表现出极强的保密性。

4. 法院起诉 如果合同中没有订立仲裁条款，事后也没有达成仲裁协议，合同当事人可以将合同纠纷起诉到法院，寻求司法解决。人民法院依据《民事诉讼法》规定的程序受理并审理劳动争议案件。

三、就业协议与劳动合同的区别与联系

就业协议与劳动合同都是用人单位聘用毕业生所订立的书面协议，就业协议和劳动合同的区别主要是主体不同、依据不同、内容差异、签订时期不同、效力不同等。而就业协议和劳动合同的联系就是二者是毕业生在不同阶段所签订的文书。

（一）就业协议和劳动合同的区别

1. 主体不同 就业协议的主体是毕业生、用人单位和学校，其中毕业生与用人单位的主体作用不言而喻，学校作为一个主体，其作用是维护毕业生就业工作的良好秩序，保障毕业生和用人单位的合法权益，并兼有证明学生毕业信息的真实性。而劳动合同是劳动者与用人单位在遵循平等自愿的原则下依法签订的，只有劳动者和用人单位两个主体。

2. 依据不同 就业协议依据的是教育部颁发的部门规章，劳动合同依据的是《劳动法》和《劳动合同法》。

3. 内容差异 就业协议可规定毕业生自身情况、就业意向、用人单位同意接收、学校派遣等，而在劳动合同中，必须明确劳动合同期限、工作内容、劳动保护和劳动条件、劳动报酬和劳动纪律、合同终止条件，以及违反合同的责任等必备条款。除此之外，双方还可以协商约定其他内容。

4. 签订时期不同 就业协议一般在学生毕业前签订，劳动合同只有在学生毕业后，正式到用人单位报到后才可签订。

5. 效力不同 就业协议是毕业生在"择业"过程中签订的协议，其效力始于签订之日，终于毕业生与用人单位签订劳动合同之时。劳动合同的有效期，是劳动者与用人单位以合同方式确定的，除法律规定的情形外，双方不得随意变更、中止。对毕业生来说，到用人单位报到后，在双方签订劳动合同之后，原就业协议随之失效。

（二）就业协议和劳动合同的联系

就业协议签订的时间在前，就业协议是学生毕业前签订的；劳动合同签订的时间在后，只有已经毕业的学生才能以劳动者的身份签订劳动合同。就业协议和劳动合同都是保障毕业生就业权益的文书。

第三节 社会保险及住房公积金制度

实例分析

实例 小刘在某医药公司工作 3 个月了，刚入职时公司人事负责人说试用期为两

个月，转正后会小刘缴纳社会保险。工作两个月后这位负责人又告诉小刘，社会保险公司不交了，但每个月可以多给她300元作为未交社会保险的经济补偿。后来，小刘从其他同事那里了解到，公司也没有给他们交社会保险，他们跟小刘一样，每个月可以多领300元作为没有购买社会保险的补偿。

问题 1. 上例中的医药公司的做法是否合法？
2. 小刘应该如何处理这样的问题呢？

一、我国现行的社会保险制度

社会保险是社会基本保险制度，为丧失劳动能力、暂时失去劳动岗位或因健康原因造成损失的人口提供收入或补偿的社会保障制度。我国《社会保险法》规定：国家建立基本养老保险、基本医疗保险、工伤保险、失业保险、生育保险等社会保险制度，保障公民在年老、疾病、工伤、失业、生育等情况下依法从国家和社会获得物质帮助的权利。社会保险制度坚持广覆盖、保基本、多层次、可持续的方针，社会保险水平应当与经济社会发展水平相适应。

（一）养老保险

养老保险是劳动者在达到法定退休年龄退休后，从政府和社会得到一定的经济补偿和服务的一项社会保险制度。国有企业、集体企业、外商投资企业、私营企业和其他城镇企业及其职工，实行企业化管理的事业单位及其职工必须缴纳基本养老保险。

基本养老保险基金由用人单位和个人缴费以及政府补贴组成。参加基本养老保险的个人劳动者，缴费基数在规定范围内可高可低，多交多受益。

领取养老保险必须符合以下条件：职工按月领取养老金必须是达到法定退休年龄，并且已经办理退休手续；所在单位和个人依法参加了养老保险并履行了养老保险的缴费义务；个人缴费至少满15年。

（二）基本医疗保险

城镇职工基本医疗保险制度，是根据财政、企业和个人的承受能力所建立的保障职工基本医疗需求的社会保险制度，为补偿疾病所带来的医疗费用的一种保险。

医疗保险具有两大功能，即风险转移和补偿转移，也就是把个体身上由疾病风险所致的经济损失分摊给所有受同样风险威胁的成员，用集中起来的医疗保险基金补偿由疾病所带来的经济损失。

（三）失业保险

失业保险是国家通过立法强制实行的，由社会集中建立基金，对因失业而暂时中断生活来源的劳动者提供物质帮助的制度。

当前中国失业保险参保职工的范围包括：在岗职工；停薪留职、请长假、外借外聘、内退等在册不在岗职工；进入再就业服务中心的下岗职工以及其他与本单位建立劳动关系的职工（包括建立劳动关系的临时工和农村用工）。

城镇企业事业单位失业人员按照有关规定具备以下条件的失业职工可享受失业保险待遇：按照规定参加失业保险，所在单位和本人已按照规定履行缴费义务满 1 年的人员；非因本人意愿中断就业的人员；已经办理失业登记，并有求职要求的人员。

（四）工伤保险

工伤保险是国家和社会为在生产工作中遭受事故伤害和患职业性疾病的劳动者及亲属提供医疗救治、生活保障、经济补偿、医疗和职业康复等物质帮助的一种社会保障制度。

劳动者由于工作原因并在工作过程中受意外伤害，或因接触粉尘、放射线、有毒害物质等职业危害因素引起职业病后，由国家和社会给负伤、致残者以及死亡者生前供养亲属提供必要物质帮助。

工伤保险费由用人单位缴纳，对于工伤事故发生率较高的行业工伤保险费的征收费率高于一般标准。

你知道吗

非全日制用工人员发生工伤，权益如何保障

非全日制用工，即通常意义上的"小时工""钟点工"，这一用工形式突破了传统的全日制用工模式，满足了用人单位灵活用工和劳动者自主择业的需要，已成为促进就业的重要途径。非全日制用工人员发生工伤后相关社保权益保障规定如下：职工（包括非全日制从业人员）在两个或者两个以上用人单位同时就业的，各用人单位应当分别为职工缴纳工伤保险费。职工发生工伤，由职工受到伤害时的工作单位依法承担工伤保险责任。

（五）生育保险

根据法律规定，在职女性因生育子女而导致劳动者暂时中断工作、失去正常收入来源时，由国家或社会提供的物质帮助。

生育保险待遇包括生育津贴和生育医疗服务两项内容。女职工产假期间的生育津贴、生育发生的医疗费用、职工计划生育手术费用及国家规定的与生育保险有关的其他费用都应该从生育保险基金中支出。

人们常说的"五险"包括养老保险、医疗保险、失业保险、工伤保险和生育保险；其中养老保险、医疗保险和失业保险，这三种险是由企业和个人共同缴纳保费的；工伤保险和生育保险完全是由企业承担的，个人不需要缴纳费用。

请你想一想

社会保险是社会基本保险制度，但仍然有些单位不为员工购买社会保险，遇到这种情况应如何处理？

二、我国现行的住房公积金制度

住房公积金即"五险一金"中的"一金"，是指国家机关、国有企业、城镇集体企业、外商投资企业、城镇私营企业及其他城镇企业、事业单位、民办非企业单位、社会团体为其在职职工缴存的长期住房储金。我国的住房公积金政策不断优化、调整，更好体现了住房保障作用和以人为本的服务宗旨。

依照国务院《住房公积金管理条例（2002 年修订）》有关规定，职工个人缴存的住房公积金和职工所在单位为职工缴存的住房公积金，属于职工个人所有，职工个人缴存的住房公积金，由所在单位每月从其工资中代扣代缴。单位应当按时、足额缴存住房公积金，不得逾期缴存或者少缴。职工有下列情形之一的，可以提取职工住房公积金账户内的存储余额。

1. 购买、建造、翻建、大修自住住房者。

2. 离休、退休者。

3. 完全丧失劳动能力，并与单位终止劳动关系者。

4. 出境定居者。

5. 偿还购房贷款本息者。

6. 房租超出家庭工资收入的规定比例者。

缴纳住房公积金相当于单位与本人同比例地存入一份免税收入，可以提取用于房屋相关用途，如果在职时没有用完，退休后也能一次性取出；另外，住房公积金贷款利率比商业贷款低。住房公积金应当用于职工购买、建造、翻建、大修自住住房，任何单位和个人不得挪作他用。每个省市的住房公积金管理略有不同，以当地政策为准。

目标检测

一、选择题

1. 避免就业信息陷阱，以下做法不正确的是（　　）

　　A. 加强对劳动法规和大学生就业政策的学习

　　B. 上岗体验再做评价

　　C. 要详细了解用人单位的信息是否真实

　　D. 通过正规渠道获取招聘信息

2. 关于毕业生求职权益，不包括（　　）。

　　A. 违约免赔偿权　　　　　　　　B. 平等、公平就业权

　　C. 被学校推荐的权利　　　　　　D. 自主择业权

3. （　　）是辨别传销组织重要依据。

　　A. 交入门费，拉下线进来，层级管理，层层剥利

　　B. 销售的不是实物，只有服务

C. 工资没有底薪，只有提成

D. 会员制服务，不加会员不准进入的场所

4. 我国的社会保险制度不包含（　　　）。

A. 生育保险　　　　B. 工伤保险　　　　C. 失业保险　　　　D. 重症医疗保险

5. 下列情况中不可以提取住房公积金的是（　　　）。

A. 出境定居的

B. 购买、建造、翻建、大修自住住房的

C. 离休、退休的

D. 用于还商业贷款的

6. 关于劳动争议的处理方式不正确的是（　　　）。

A. 当事人之间自行协商解决因合同发生的争议

B. 为讨要薪酬，锁用人单位的大门

C. 双方达成协议，自愿向仲裁机构申请仲裁

D. 请主管部门调解

7. 关于劳动合同订立的原则，不正确的是（　　　）。

A. 合法的原则　　　　　　　　　B. 互利互惠的原则

C. 公平的原则　　　　　　　　　D. 协商一致的原则

8.《劳动合同法》关于试用期的描述，错误的是（　　　）。

A. 劳动合同期限 3 个月以上不满 1 年的，试用期不得超过 1 个月

B. 劳动合同期限 1 年以上不满 3 年的，试用期不得超过 2 个月

C. 实用期就是见习期，只是有的单位习惯叫实用期而有的单位叫见习期

D. 3 年以上固定期限和无固定期限的劳动合同，试用期不得超过 6 个月

二、思考题

1. 就业协议书有哪些作用？

2. 不少毕业生求职时遭遇到了求职陷阱，随着信息化时代的到来，骗子的手段也越来越高明，大学生应如何有效防范求职陷阱？

书网融合……

　　划重点　　　　自测题

PPT

学习目标

知识目标

1. **掌握** 职业适应的方法。
2. **熟悉** 职业发展自我管理的内容。
3. **了解** 职业发展的过程。

能力目标

1. 具备职业适应能力。
2. 熟练掌握提升职业适应能力的方法。
3. 学会职业发展自我管理，运用职业发展思维和技巧实现职业发展目标。

第一节 职业适应 微课

实例分析

实例 某食品企业人力资源部李经理，在多所院校通过组织笔试、面试、复试，最终挑选出二十多名优秀的应届毕业生入职本企业。她将这些毕业生按专业分配到用人部门。但在接下来三个月时间里，新员工陆续被辞退。综合分析各部门意见，李经理发现所有意见直指新员工个人素养、举止修养、心理素质等方面问题，与专业技能无关。

第一批被辞退的是几个成绩优秀的毕业生，他们面对主管的批评心存不服。认为自己是刚毕业的学生，在工作中一点点小错误，应当被原谅、被包容。

第二批被辞退的是几个自由散漫的毕业生，他们的考勤记录上几乎没有一天是按时上下班。

第三批被辞退的是几个玻璃心的"小公主"，遇到一点困难和压力，就请假逃避，到处吐槽。

李经理认为毕业生在走出校园时，除注重自己的专业知识技能外，还应注重个人道德修养和心理变化，并从多方面调整自己适应新的环境、新的工作岗位。

问题 根据李经理的介绍，讨论在初入职场时，需要进行哪些方面的适应准备？

生物学家达尔文总结提出了进化论，其核心思想为"物竞天择，适者生存"。从生命诞生的那一刻起，地球上的生物就遵循这一法则，努力地适应环境，并随着环境变化而变化，顽强地生存下去。现代文明社会，人类早已摆脱茹毛饮血的生活，并构建出新的人类社会秩序和人类文明规范。"天择"明显已经不适用于人类，取而代之的是更为复杂的选择标准。"优胜劣汰，适者生存"成为适用于人类社会的普遍法则。适应，成为一项重要的社会活动。

一、职业适应的内涵

职业适应是指个人在从事某一特定的职业实践时，为达到人职和谐，而进行的一系列适应行为。职业适应要求从业者主动调整自己的行为活动，以适应外在环境变化和自身角色转换，从而达到完成从事职业活动的最佳状态。

走出校园进入职场，为了这一天，很多同学已经进行了较长时间的准备。然而在就业初期，很多毕业生依然感到种种不适应。在心理、生理、环境、工作、人际关系等方面的困扰下，有一部分毕业生短时间内难以达到人职和谐的最佳状态。职业适应应该是人与职业相互影响、不断调整、循环往复的磨合过程，不会一帆风顺、一步到位、一蹴而就。

毕业生之所以觉得这个过程痛苦，主要是因为社会角色发生了转换。十多年的求学生涯，使其已经非常适应学生这一角色。面对职业角色需要应对的价值观、职业认同、工作压力、知识升级、人际关系、经济利益等问题，习惯学生角色的毕业生便无从下手。因此毕业生必须认识到，社会角色已经发生转换，应当走出学生角色的"舒适区"，从各个方面适应新的职业角色。

你知道吗

舒适区

舒适区是指一个人所表现的心理状态和习惯性的行为模式，人会在这种状态或模式中感到舒适。根据不同行为的特点，可以将舒适区进一步细分如下。

1. 习惯的舒适区　即某些习惯让人舒适。比如有人习惯早上记英语单词，有人习惯熬夜写作业，有人习惯在图书馆自习等。

2. 喜好的舒适区　即某些喜好让人舒适。比如有人喜欢上数学课，有人喜欢语言风趣的老师，有人喜欢自己安排学习时间等。

3. 能力的舒适区　即做能力范围内的事让人舒适。比如在自己能力范围内参加学校文艺演出、班级演讲比赛、小学生家教等。

走出舒适区，主要是鼓励人们改掉"坏"习惯，包容更多事物，提升自己的能力，适应日新月异的社会发展。

二、影响职业适应的因素

职业适应根据从事的职业不同，适应的具体内容也会有所不同。学习职业适应，不是学习每一个职业的适应方法，而是学习提升职业适应能力的方法。职业适应能力是指在职业适应过程中，解决职业适应困难，达到职业适应目标的综合能力。只有具备良好的职业适应能力，才能在未来的职业生涯中，牢牢把握住各种职业机会，从而在职场竞争中处于优势地位。

（一）心理适应

心理适应是指从业者个体自主克服新职业引起的不良心理变化的过程。为了缩短克服不良心理变化的时间，降低不良心理变化对职业生涯的影响，毕业生要加强心理适应能力训练，提高心理承受能力和挫折容忍能力。同时有意识地培养自己的情商，学会掌控自己的情绪。不喜形于色，不溢于言表，更不能随意发泄情绪，影响工作和生活。

你知道吗

就业初期主要存在的不良心理

1. 怀旧心理　职场新人面对各种各样的困难和挫折，很容易出现怀旧的心理。怀念学生时代安逸的生活，进而对职场生活产生厌恶、烦躁、失落的情绪。

2. 依赖心理　走出校园，职场新人突然独自面对社会，这时会比以往任何时候都更加想依赖家长和老师。

3. 从众心理　职场新人面对全新的环境和事物，以往经验无法提供参照对比，因此"随大流"是其最简单的处理方法。工作中缺乏独立思考和主观能动性，往往做出不适合自己的选择。

4. 自卑心理　毕业生进入职场，看到周围比自己年长的同事，面对安排的工作无从下手，容易产生自卑的心理。工作中畏手畏脚，生怕犯一点错，这其实是怕承担责任、怕留下不好印象的表现。

5. 自大心理　有些毕业生认为自己在校成绩优异，接受过正规系统的专业教育，自认为比年长的同事能力强。工作中好高骛远，对一些琐碎工作不屑一顾，认为自己应该做更重要的事。

（二）生理适应

生理适应是指从业者个体自主克服新职业造成的生理不适的过程。职场新人在就业初期生理上的不适，主要表现在工作节奏、工作强度、工作时间等方面。繁重的工作，以及严格的作息制度和劳动纪律，可能会导致毕业生头晕脑胀、萎靡不振、身心疲惫。毕业生应该注意劳逸结合，科学合理安排作息时间，改变生活习惯，适应新的职场生活方式。适当锻炼身体，结交朋友，也能帮助其在生理上尽快适应职场生活。

（三）岗位适应

岗位适应是指从就业者走上工作岗位起，到胜任该岗位工作职责的过程。很多同学虽然做过充分的职业探索，但真正进入职场因事先对职业期待过高、对新岗位预估不足，导致其迟迟不能在工作岗位上顺利开展工作。就业初期的工作内容，可能枯燥、乏味、琐碎、繁杂，工作制度可能严谨、有序，但要告诉自己，面对工作不能挑三拣四，工作都是一点一点完成的。

（四）知识技能适应

知识技能适应是指从业者根据工作岗位要求，调整自己的知识技能适应工作岗位要求的过程。在校期间可能比较注重理论知识，而职场上更注重实践能力和实践经验。因此职场新人要不断提高自己的知识技能，以适应不断发展的职业需求。

（五）人际关系适应

人际关系适应是指从业者融入职场、适应职场内外人际关系的过程。在校期间人际关系相对比较单一，利益上也少有冲突。而职场上，人际关系变得复杂、广泛。职场新人难以用习惯的、单一的交往方式去面对各种不同的人。特别是与不同角色的人交往，如领导、主管、同事、客户、合作方等，往往让职场新手不知所措。人际关系适应是大部分毕业生最难度过的且最为漫长的适应过程。

> **请你想一想**
>
> 进入职场要做好哪些准备？

三、建立职业适应的策略

（一）了解职场环境

"知己知彼，百战不殆"。职场新人进入职场，首先要熟悉职场情况，才能应对适应过程中可能发生的问题。了解职场环境，是职业适应的首要任务。

1. 了解企业文化 每个用人单位都有自己独特的企业文化，它包括企业的价值观、企业愿景、企业使命、企业制度、职业操守、历史传统、文化氛围、企业产品等，这些是帮助从业者了解企业、融入职场集体的钥匙。

2. 了解领导风格 领导风格是指领导者的行为模式，不同的领导者都有自己独特的领导风格。职场新人能得到领导的支持，在就业初期会对其起到非常大的帮助作用。因此了解领导风格，争取领导的支持与信任，会使得职业适应更加顺利。

你知道吗

领导风格分类

1. 专制型风格 要求下属立即服从。

2. 权威型风格 号召员工为愿景目标而奋斗。

3. 亲和型风格 建立情感纽带，创造和谐关系。

4. 民主型风格 通过鼓励下属的参与来达成共识。

5. 领跑型风格 期待下属表现优异，并能进行自我指导。

6. 辅导型风格 培养面向未来的员工。

在职场上，即便是同一个岗位名称，在不同的用人单位，岗位职责也不会完全一样。一定要熟悉所分配的岗位，清楚知道自己的职责范围，才能很好地开展工作。职场新人在第一个岗位上的工作情况，用人单位一般都会认真地考察。除了解职场新人能否胜任工作外，还会进一步考察职场新人的可塑性和成长空间。

（二）工作积极主动

工作积极主动的人有天然的乐观、热情、积极的态度，能感染周围的人。他们有主动、独立、果敢的行事作风，却不给别人带来压力；他们勇于主动承担责任，是工作推进的强大动力。工作积极主动，是快速职业适应的内在动力。职场新人可以从以下三个方面培养自己的积极主动性。

1. 主人翁精神 是指以高度的使命感和责任感，自觉自发地充分发挥主观能动性，高效完成本职工作的态度。换个角度看世界，就会发现不一样的美。以主人翁精神进行工作，视野会变得开阔，思维会变得更加敏捷，工作会变得更加高效。即使工作繁杂，也会觉得充实，充满成就感。

2. 独立自主 职场新人最容易犯的错误就是依仗新人身份，不停地麻烦同事帮忙。特别是那些接受别人多次帮助，还不能独立完成工作的人，在职场上非常不招人待见。同事之间相互帮助是美德，而非义务。职场上每个人都有自己的本职工作，都应独立完成份内工作。职场新人的首要目标应该成为有担当、有见地、有想法、有能力、有激情的且能独当一面的职业人。

3. 职业敏感 是指从业者对获取职业相关信息的意识和作出快速反应的能力。培养职业敏感，首先要有过硬的专业素质，在养成留心观察的习惯后，就能迅速在看似无关的事务中获取重要信息，并快人一步做出最佳响应。职业敏感能使从业者的专业素质得到外在体现，更容易得到领导、同事、客户的认可，从而更好地融入职场环境中，还能使其职业生涯变得顺畅，把握更多的机会，取得更高的成就。

（三）适时适当表现

职场上的领导，一直期望了解员工的职业技能和各方面的能力。适时适当地通过以下常见的工作表现形式展现自己，可以让领导更加了解自己，从而加速职场适应过程。

1. 日常简报 在现代企业绩效管理中，很多企业实行日常简报制度。这是每天与直属领导沟通的重要渠道，直属领导通过日常简报，可以了解下属当前工作的计划、进度、阻碍，来判断工作的预期结果以及应对办法，进而对员工的工作绩效、工作能力评分。即使企业没有很正式的日常简报制度，早会、晚会、周例会，都是日常简报的其他形式。

日常简报有两个重要的关键字：日常、简。"日常"是指经常、每天或很短的周期。这意味着报告的时效性，一定要抓住当前工作的重点来汇报。"简"意味着简短，不是长篇大论，作出清晰明了、简明扼要的日常简报，更加容易得到领导的青睐、同事们的信赖。

2. 工作总结 "结"是一种单向工作汇报的形式，多以年度总结、半年总结、季度总结方式呈现，是对一段时间内的工作进行全面系统的检查、分析、评价。在很多企业中，工作总结是一项非常重要的工作。在某些企业中，工作总结甚至成为一项非常有仪式感的企业活动。

工作总结应具备工作概述、绩效成果、不足分析及改进计划。在工作总结中能全面体现自身各方面的综合能力。工作总结是一个非常好的展示平台，不仅仅面向领导、同事，还可以面向自己。

3. 复盘讨论 复盘原指在棋局结束后，复演该盘棋局的记录，以检查局中的优劣得失。在职场中复盘讨论有点类似工作总结，但和工作总结单向汇报不同，复盘讨论是团队共同参与进行的。复盘讨论是一个团队共同对某一特定的工作，如单个项目、某场活动、某次事件等，进行回顾、分析、总结的工作。在互联网思维的推动下，很多企业开始实行项目制，这也让复盘讨论成为常态化的日常工作。

复盘讨论的重点在于发现问题，共同商议改进办法。因此在复盘讨论过程中，可以展示自己积极主动的一面，以及各方面工作能力。值得注意的是，复盘讨论是一个多人互动场合，因此特别要注意适时适当展现自己。

4. 商务谈判 客户是企业赖以生存的重要资源，职场新人被委以商务谈判的重任，已经说明得到了领导的重视和信任。只有具备专业知识、沟通技巧、礼仪谈吐的人才能够胜任参与商务谈判的任务。但请谨记商务谈判的礼仪规范是职场新人需要反复训练的技能。

5. 头脑风暴 常见于初创企业或创新型企业，要求团队成员在不受任何限制的融洽气氛中，畅所欲言、天马行空、积极思考、打破常规、充分表达自己。对于职场新人来说，是一个很好地了解团队、了解同事、展示自我的机会。

（四）尊重他人

尊重他人是文明社会人际关系最基本的行为规范，更是职场生活中的最低要求。

1. 尊重秩序 文明社会随处可见各种各样的秩序，公共场所有公共秩序、道路上有交通秩序、运动会有比赛秩序等，在职场上也有相应的职场秩序。尊重职场秩序主要分为两个方面，一方面是尊重职场组织结构，另一方面是尊重职场管理制度。

职场组织结构，是对工作进行分工协作，明确各岗位权责的结构体系。尊重他人的职位与职权，尊重职场组织结构是维系职场秩序最基本的前提，也是适应职场的先决条件。

职场管理制度，是组织机构实施管理行为的依据，等同于国家管理中的法律制度。尊重职场管理制度有助于认同组织，有益于自身职业适应。

2. 感恩帮助 在就业初期，职场新人或多或少都能得到一些帮助。学会感恩，使施予者和授予者都能从中获取积极的感受。

3. 包容异议 包容是个人修养的外在体现，职场新人要学会包容异议，才能融洽职场人际关系。包容他人会更容易得到领导、同事、客户的理解，从而在职场上建立起长期、稳定的人际关系。

4. 接受批评 初入职场难免会犯错误，犯错后一定要虚心接受批评。在虚心接受批评时，要思考如何避免犯同样的错误，并采取相应的措施。接受批评可以营造出一个虚心学习、积极向上的职场新人形象，有可能得到更多帮助和试错的机会。

5. 学会说话 传播流言蜚语是职场上的禁忌，有些话在职场上是绝对不能说的。例如：①不要说别人的坏话；②不要说太满的话；③不要谈及商业秘密。

（五）注意细节

千里之堤溃于蚁穴，细节决定成败。职场新人在就业初期，一般不会被委以重任，主要做一些繁杂、琐碎的小事。就业初期，一般需要注意以下几个细节。

1. 保持良好的形象 衣着打扮可以看出个人修养、性格和气质，第一印象大多来源于此。除穿着打扮的外在形象外，职场新人还需注重个人素质、职业涵养等内在的形象。如见面要打招呼，待人接物多说"请""谢谢"等礼貌用语。

2. 养成提前的习惯 守时是对职业人的基本要求，而提前到岗更能表现出职场新人的积极态度，长此以往也会得到同事的认可。迟到不如准时，准时不如早到。

3. 养成收纳的习惯 收纳不是写在工作职责中的工作内容，但收纳是每一个职业人的必修课。整洁的桌面、有序的文档，不仅可以提高自己的工作效率，还会让人觉得自己是一个有条理、会规划、爱干净的人，无形之中给人留下好印象。

第二节　职业发展

实例分析

实例 小王和小李同时进入一家大型食品企业。在新员工培训时，人力资源经理除讲解了企业组织结构外，还介绍了公司的考核制度、晋升制度以及内部人才培养体系。随着公司业务在全国不断扩张，小王和小李两人职业发展前途可谓一片光明。因此他俩各自下定决心，五年内要晋升公司中层职位。

小王和小李凭借各自过硬的专业技能和积极主动的工作态度，很快从普通员工升职到组长、副主管、主管。

晋升主管职位后，两人接触到了很多普通员工掌握不到的信息。小王听到了公司的供应商、合作伙伴很多吹捧的话后有些飘飘然。对公司的学习任务、工作任务都不怎么放在心上，他认为这是个人努力取得的成就，与公司的培养无关。不久后，小王跳槽去了竞争对手公司。新公司没有培养体系，业绩好就发钱，在职业发展上几乎没有晋升空间。

小李则继续留在公司踏踏实实工作，突出的工作能力和优异的工作表现，让小李得到了更多的机会。几年以后，小王又跳槽几次，还是一个小经理，而小李已经做到区域总监的职位。

问题 1. 职业发展是否是员工一个人的事情？

　　　　2. 用人单位在职业发展中扮演什么样的角色？

一、职业发展的内涵

职业发展是指组织和员工就员工个人职业生涯的规划、探索、决策、行动、评估的职业活动过程。职业发展涉及两个对象，共同作用于职业发展过程。一是组织，组织根据自身发展需要，设计员工职业发展通道，并提供必要的培训、轮岗等计划，帮助员工职业发展达到组织预期要求；二是员工，员工根据自身条件，合理设定自己的职业目标，并借助职业发展企业管理和自我管理达到实现职业理想的要求。

职业发展管理是实现职业发展的途径。对企业组织而言，职业发展管理是根据自身发展要求，将员工的职业发展融入人力资源管理中，并成为其中一部分。对个人而言，职业发展管理是根据自身条件，以职业理想为目标进行的自我管理。

职业发展通道是企业组织为员工职业发展规划的发展步骤。职业发展通道是职业发展的基本条件，没有职业发展通道，如同赛车没有赛道一样。企业组织和员工的关系，就如同赛车比赛中的组织者和参赛选手一样。企业组织设计出比赛赛道，员工进场比赛，最终选拔出优胜者，这是一件双赢的事情。对企业而言，设定好职业发展通道，可以吸引和培养更多符合自身发展所需的优秀人才。对员工而言，明确了职业发展方向和目标，可以更加专注自身专业技能和综合能力的培养。

你知道吗

为吸引人才，一些大的企业官方网站上，都会设置职业发展栏目，一般伴随招聘信息的发布，还会介绍各个岗位的培训机会、升职机会、职业发展计划等。在搜集就业信息和进行职业生涯决策时，职业发展栏目可作为参考和搜集项目。

二、职业发展企业管理

在职业发展中，企业组织扮演着非常重要的角色。企业组织的职业发展管理工作，始终围绕职业发展通道设计和落实各项工作。

（一）职业发展通道的设计

随着社会分工日益精细，诸多的职业岗位由职业发展通道串联起来，使得职业发展通道日趋复杂。这意味着职业发展通道不会是一条直线发展下去，而是会发展成一个有很多分叉的树形结构。根据不同的职业发展理论，形成了三个主要的职业发展通道模式：纵向发展模式、横向发展模式、多重发展模式。

1. 纵向职业发展通道模式　是指员工在其职业类型的等级上，垂直层级变动。比如：技术员到技术组长，再到技术主管。一般企业组织都很重视纵向职业发展通道模式，不仅因为它容易达到职业发展通道设计目的，还因为这种方式操作相对简单，依据组织结构即可。采用这种职业发展通道模式，企业组织不必过多考察了解员工的变化。不管是管理类、技术类员工，还是技能类员工，晋升以后依然是原来的职业类型。

职业发展，参看组织结构图，即一目了然。

2. 横向职业发展通道模式 是指员工跨职业类型的变动。例如，中级技术员到中级管理者。横向职业发展通道是纵向职业发展通道的补充，两者共同构成交叉立体的职业发展通道体系。通过这样的职业发展通道更容易选拔培养出"一专多能"高水平的复合型人才，这是现代企业组织急需的人才类型。

横向职业发展通道主要采取培训、轮岗两种方式，员工可以全面了解企业组织中的各个岗位。这样有利于提高各岗位之间的协作水平，内部形成更广泛的良性竞争，优化人力资源配置和扩大人才储备。

3. 多重职业发展通道模式 是指在多个维度进行职业发展通道设计。应用最为广泛的是双重职业发展通道设计，典型实例：职位和职称的发展通道，军职和军衔的发展通道。企业组织一般会设计管理类和技术类发展通道，即职位和职级。比如：初级技术员升级为中级技术员，再升级到高级技术员。同时技术员的管理级别，也可以从组长到主管，主管到项目经理。这样就会同时出现有中级技术员的主管和高级技术员主管的现象。这种模式更为灵活，员工的职业发展机会也会更多。技术能力一般，但管理能力强的技术员，也能得到晋升。充分挖掘员工潜力，并给予其多元化的成长渠道，既实现了员工的职业理想，又为企业组织发展找到合适的人才。

(二) 职业发展通道的实施

1. 制度设计 企业组织管理者在制定职业发展相关制度时，一般会征集员工（老员工或员工代表）的意见，再结合企业组织自身发展需求制定相关制度。职场新人很难接触到这一环节，因此不会直接知道企业组织自身发展的目的和需求，只能通过制度颁布后的制度分析出来。

2. 制度颁布 制定好职业发展相关制度后，企业组织会向员工进行阐述。首先最为重要的内容是组织结构图，上面介绍了企业组合所有的工作岗位和岗位职责。一般组织结构是依据业务划分，然后按管理层级一层层构建，因此说，再简单的企业组织，即便只有组织结构图，也能清晰找到纵向职业发展通道。各工作岗位的要求，就是胜任该职位的资格条件。

其他的相关制度主要是规范实施细则，比如培训资格判定、培训计划、评估内容、考核标准、职位变动细则等，这些都是非常重要的信息，是职业发展的重要参照。

3. 必要培训 一般企业组织会提供必要的员工培训，在具体培训前，一般会有一轮选拔，只有符合条件的人才有资格进行培训。大多数公司没有严格的选拔机制，主要看平时的工作表现，几乎由上级领导主管判断决定。

4. 评估考核 大多数企业组织会拿岗位绩效成绩作为参考，依据调整岗位任职要求来进行评估考核。作为员工要熟悉考核标准，认真面对每一次绩效考核，因为绩效成绩不仅与薪酬挂钩，还会影响到职位晋升。

5. 发展调整 职业发展的调整主要是晋升、调动、降级。在快速发展型的公司，随着公司高速发展，会产生一大批职位。这时员工的职位和职级，一般会同时调整。

无论是何种调整，都应该往目标的方向前进。

三、职业发展自我管理

自我管理是指个人通过个人意志，改变自身行为的途径。一般运用在改变不良习惯和培养优良习惯上。职业发展自我管理，除要积极完成本职工作和参与企业组织的培训外，还要在各方面对自己进行培养。成为一个合格的职场人，一般需要做到以下几点。

（一）职业目标管理

进入职场，将何去何从，是每一个职场人都需要认真思考的问题。尤其是职场新人，就业初期还没完全适应职场环境，没有找到职业发展目标，容易变得迷惘、空虚、失去上进心、没有发展的动力。职业目标决定当下的选择，职业道路发展的方向，甚至会影响人生的道路。设定一个好的职业目标，是职业发展自我管理的首要任务。

1. 目标具体化　职业发展目标必须具体化，不能存在于幻想当中，应当是可以实现的目标。职业发展目标是可衡量的，是可以被考核、被量化、被评价的。具体化的目标，有助于目标的实现以及设计具体实施步骤。

2. 目标阶段化　职业发展是一个循序渐进的过程，是由一个接一个的目标组成。因此职业发展目标，应当分为长期目标、中期目标、短期目标。即长期目标可以分解为若干个中期目标，中期目标可以分解为若干个短期目标。将职业发展目标阶段化，是将复杂问题分解为若干简单问题的过程。在漫长的职业发展道路上，阶段性目标的实现，不仅会给职场人带来成就感，还能防止在职业发展方向上出现跑偏、停滞等情况。

3. 目标合理化　设置职业发展目标应当有合理的依据，以确保目标是可以实现的。合理依据一般包括自身条件、实施难度、实施计划、时间范围、突发应对等。调整目标也必须合理，频繁变换职业目标，三心二意对待职业发展道路，同样会变得一事无成。

（二）高效时间管理

时间是公平的，然而每个人用相同的时间，创造出来的价值却千差万别。在职场上，这一现象尤为突出。人的时间和精力是有限的，能合理分配时间，高效完成工作的人必然在职场上能获得更强的竞争优势。初入职场，一定要学会时间管理，才不会在各种事务中迷失方向一事无成。高效时间管理是需要结合实际，慢慢摸索才能找到最适合自己的时间管理方法。初入职场，可以从以下几点试着开始对自己进行时间管理。

1. 分清主次　就业初期，由于角色的转换，职场新人会面对来自生活、工作的各种挑战。职场新人需要把所有事情安排妥当，一项一项完成，才不会乱了阵脚。这里推荐四象限法则，帮助职场新人将繁杂的事务安排得有条有理。

四象限法则顾名思义，是将待处理的事情按照紧急、不紧急、重要、不重要进行排列分组（图8-1）。

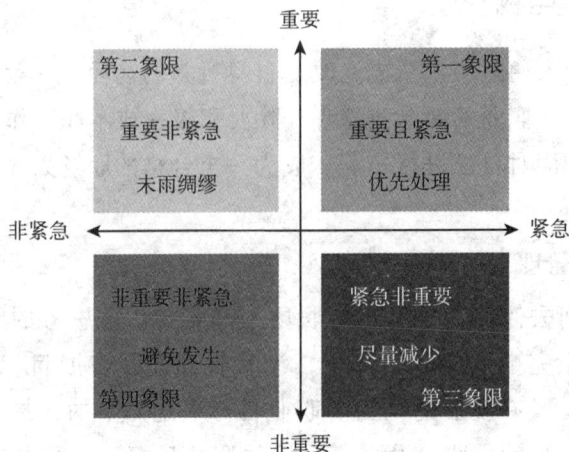

图8-1 四象限法则

（1）第一象限 是紧急且重要的事情，必须马上做，通常以工作为主。比如影响绩效的工作、重大项目会议等。

（2）第二象限 是紧急但不重要的事情，尽量避免亲自做，通常是些日常琐事。比如充话费、交水电物业费、跑腿买早餐、接无聊的电话等。这类事情因为紧急，所以会占据较多的时间。

请你想一想

如何分类处理以下事件：突如其来的事、危机存亡的事、忙里偷闲的事、未雨绸缪的事、火烧眉毛的事、无伤大雅的事？

（3）第三象限 是不紧急也不重要的事情，尽量减少做，通常是些打发时间的事。比如看新闻、买东西等。

（4）第四象限 是不紧急但重要的事情，尽快计划做，通常以学习为主。比如某项技能提升网课学习、运动、日记等。

GTD（getting things done），是一个时间管理方法，其核心是记录并完成事项。流程为收集—整理—组织—回顾—执行。

（1）收集 将所有要做、想做的事罗列出来。

（2）整理 对所有要做、想做的事进行分析，按同类事列入该类待办事项清单。比如愿望清单、工作清单、项目清单、学习清单、等待清单等。

（3）组织 进入各类待办事项清单的事项，可以按四象限法则进行排列。然后逐个制定实施计划，内容包括时间、地点、工具、执行人、注意事项等。

（4）回顾 是按一定的周期，一般按周进行回顾。一是检查待办事项完成情况；二是更新待办事项列表。

（5）执行 是根据待办事项列表，按其主次优先级来完成。

3. 利用业余时间 拉开职场人差距的不是在一起工作的时间，而是工作之外的业余时间。对于职场新人，如何利用业余时间，有以下几点提供参考。

（1）坚持学习　当前社会发展日新月异，各类新鲜事物接踵而来。十年前很多职业，已经悄无声息地被淘汰了。坚持学习，才是屹立职场、不被淘汰的关键。

（2）坚持运动　不管做什么事都需要一个健康强壮的体魄。运动能保持健康，有助于提高睡眠质量，促进大脑机能。特别是生活水平日益提高，体力劳动越来越少，亚健康状态的人数激增。只有身体健康，才能给社会创造价值，才能完成自己设定的目标。

（3）培养爱好　现在工作节奏紧张，职场人会表现出紧张、倦怠的状态。做自己喜欢的事，放松身心，比纯粹的休息更能缓解疲劳。培养积极健康的兴趣爱好，还能扩充人际圈、增长知识。

（三）建立人际关系

职场上，任何人都要花费大量的时间精力，处理各种各样的社会人际关系。理顺这些关系，才能推动工作和事业向前发展。

1. 培养人际交往能力

（1）业务能力　即有被交往的价值。职场人际关系，之所以交往，是认为对方有交往的价值。所以培养人际交往的第一步，是提升自己业务能力，让自己有被交往的价值。

（2）沟通能力　内在的能力，很难一下展现出来，需要通过沟通表达，展现自己的价值，创造与人交往的机会。

（3）融合能力　扩大人际关系，使之成为关系网，其中最好的方式是不断融合，形成以自己为中心的人际关系网。

2. 遵循人际交往原则

（1）平等原则　是人际交往中的基本原则。不因为占据年龄优势、学识优势、身体优势等原因就趾高气扬，也不要因为初入职场、经验不足、效率不高等原因就过分自卑。只有以平等的心态交往，才能长久交往下去。

（2）诚信原则　是指人际交往要相互信任，并诚实履行诺言。只有做到诚信待人，在双方交往时才会感到踏实，有安全感。这样的人际关系才会更加稳固、长久。

（3）相容原则　是指人际交往要相互包容、宽容。在与人交往中，不可能事事一致，双方要有求同存异的大气，才能和谐且长久交往。

（4）互助原则　是指人际交往要互相帮助、互惠互利。不能单方面一味索取或一味付出，只有双方在交往中都受益，这样的关系才会长久。

3. 掌握人际交往技巧　人际交往最核心的目的是把自己和他人推荐出去。就业初期，职场新人还没完全适应职场生活，在主动沟通的语言表达和思想传达上可能存在一些问题，推荐采用以下交往技巧，来弥补能力上的不足，譬如善于倾听、礼貌待人、不卑不亢、换位思考、言出必行、律己宽人等。

目标检测

一、选择题

1. 职业适应是指个人在从事某一特定的职业实践时，为达到（　　），而进行的一系列适应行为。

   A. 人职匹配　　　　B. 优胜劣汰　　　　C. 人职和谐　　　　D. 角色转换

2. 以下不属于影响职业适应主要因素的是（　　）。

   A. 生理因素　　　　B. 心理因素　　　　C. 人际关系　　　　D. 职业敏感

3. 做好职业适应措施的第一步是（　　）。

   A. 工作积极主动　　B. 了解职场环境　　C. 适时适当表现　　D. 尊重他人

4. 在职场工作中，正确适时适当的表现是（　　）。

   A. 写好工作总结，周期性向领导汇报

   B. 根据领导喜好，溜须拍马

   C. 商务谈判中，极力展现个人专业知识，畅所欲言

   D. 拉近私人关系，请客送礼

5. 以下不属于职业发展自我管理的内容的是（　　）。

   A. 职业目标管理　　B. 高效时间管理　　C. 争取培训机会　　D. 建立人际关系

二、思考题

作为职场新人，在进入职场后，应当从哪些方面尊重他人？

书网融合……

　e 微课　　　　　　　　自测题

参考答案

第一章

1. D 2. B 3. D 4. B 5. B 6. C 7. C 8. C 9. C 10. D

第二章

1. B 2. D 3. C 4. C 5. D 6. D 7. A 8. C 9. A 10. D

第三章

1. D 2. C 3. D 4. B 5. D 6. C 7. B 8. B 9. B 10. C

第四章

1. D 2. D 3. D 4. D 5. D 6. C 7. D 8. A 9. B 10. A 11. D 12. C 13. C

第五章

1. A 2. C 3. D 4. B 5. C 6. A 7. D 8. B 9. D 10. A

第六章

1. D 2. D 3. D 4. C 5. D 6. D 7. A 8. C 9. D 10. C

第七章

1. B 2. A 3. C 4. D 5. D 6. B 7. B 8. C

第八章

1. C 2. D 3. B 4. A 5. C

参考文献

[1] 吴丹, 白旭宁, 王晓蕾. 大学生职业生涯规划. 长沙: 湖南师范大学出版社, 2018.

[2] 王占军. 大学生职业生涯规划咨询案例精编. 上海: 华东师范大学出版社, 2018.

[3] 苏文平. 职业生涯规划与就业创业指导. 北京: 中国人民大学出版社, 2017.

[4] 阳立新. 大学生职业生涯规划与就业指导. 镇江: 江苏大学出版社, 2016.

[5] 樊富珉. 团体心理咨询. 北京: 高等教育出版社, 2015.

[6] 周爱民. 高职高专医学生创业基础. 长春: 东北师范大学出版社, 2019.

[7] 姜力源, 张镝. 职业生涯规划与就业创业. 北京: 中国医药科技出版社, 2019.

[8] 黄天中. 生涯规划: 体验式学习. 北京: 北京师范大学出版社, 2018.

[9] 王占军. 北森生涯学院. 上海: 华东师范大学出版社, 2017.

[10] 李君霞, 谢小明, 王义友. 新编大学生职业规划与就业指导. 上海: 上海交通大学出版社, 2018.

[11] 曹敏. 大学生职业发展与就业指导. 长沙: 湖南科学技术出版社, 2017.

[12] 王丽. 大学生职业生涯规划训练手册. 北京: 北京理工大学出版社, 2012.

[13] 邓山. 职业生涯规划与创业指导. 北京: 中国医药科技出版社, 2018.

[14] 苏文平. 大学生职业生涯规划与就业创业指导. 北京: 中国人民出版社, 2018.

[15] 范琳, 胡琼妃. 职业生涯规划. 北京: 中国人民大学出版社, 2016.

[16] 蒋乃平. 职业生涯规划. 北京: 高等教育出版社, 2019.

[17] 吴运迪. 大学生创业指导. 北京: 清华大学出版社, 2015.

[18] 贾强. 大学生就业创业指导. 北京: 中国医药科技出版社, 2017.

[19] 陈志斌. 大学生就业指导教程. 上海: 上海交通大学出版社, 2020.

[20] 杨红英. 大学生职业生涯规划. 昆明: 云南大学出版社, 2015.